西野泰代・原田恵理子・若本純子 編著

情報モラル教育

知っておきたい
子どものネットコミュニケーションと
トラブル予防

金子書房

はじめに

　スマートフォンをはじめとする新たな通信機器・サービスが急速に浸透するなか，青少年を取り巻く環境は大きく変化した。通信ネットワークを通じて自由にさまざまな情報や知識を世界的規模で入手し，共有し，または発信することが可能となり，創造的活動の場や人的交流の機会が増えたことで日々の生活が活気あるものとなったなど，ネットによる恩恵を受けた人たちも多くいるだろう。その一方で，情報公開の怖さ，誹謗中傷の拡散，ネットいじめによる被害などのネット特有のトラブルに悩まされた人たちも少なからず存在する。平成28年度に内閣府が行った「子供・若者の意識に関する調査」（平成28年12月に全国の15歳から29歳までの男女6,000名を対象に実施したインターネット調査）では，自分の居場所として「インターネット空間」を挙げた人たちの割合が全体の62.1％と，自分の部屋（89.0％），家庭（79.9％）に次いで高い割合を占めたことが報告されており，ネットが青少年の生活において重要な役割を担っていることは否定できない。こうしたことから，青少年がネット上でのトラブルに遭遇することなく健全な生活を送るために，ネット社会に関する知識やマナーを習得することは喫緊の課題だといえよう。

　現行の学習指導要領では，「情報社会で適正な活動を行うための基になる考え方と態度」を「情報モラル」と定め，各教科の指導のなかでこれを身につけさせることをめざしている。しかしながら，文部科学省が情報モラル教育の根幹と考える「日常モラルの指導」と「情報社会の特性の理解」について，主体となるべき子どもの発達や現状を考慮したカリキュラムの十分な整備がなされているかといえば必ずしもそうとはいえないだろう。また，学校のみならず，社会や家庭を巻き込んでそれぞれの立場で情報を共有化し，児童生徒への情報モラル教育を三位一体で進めていかなければならないと考えられながら，その筋道についてはいまだ不透明である。

　そこで，本書は，情報モラル教育の主体となる子どもたちの実態を十分に把握するため，小学生から高校生までを対象に収集したデータに基づいて子どもたちの現状を明らかにしたうえで，必要とされる実践への示唆を行った。本書

の執筆者はそれぞれに地域や学校での実践にかかわっていることから，エビデンスに基づいた議論がなされている点が本書の特色である。さらに，本書は，情報モラル教育の効果的な実践を模索する教師だけでなく，子どもとかかわる保護者や教職課程の学生の方たちにも役立ててもらえるよう，情報モラル教育を実践するうえで知っておきたいことについて専門的な知見も交えながら平易に記述することをめざした。

　本書は大きく2部構成をとっている。まず，前半の1章から3章までは「理論編」である。ここでは，情報モラル教育を実施する前に理解しておきたい，子どもたちの現状（1章），情報モラル教育が重視されるにいたった背景と今後の課題（2章），道徳性の発達や道徳的行動の獲得と予防教育の重要性（3章）についてそれぞれ論じた。「彼を知り己を知れば百戦殆からず（『孫子』謀攻より）」ではないが，ネット社会を生きる子どもたちの実態やモラルの発達プロセスを知り，情報モラル教育が標榜する理念について理解することで，より効果的な実践の選択を可能にするであろう。

　後半の4章から6章までは「エビデンス編」である。ここでは，ネットいじめに対する予防と介入（4章），SNSのなかで最も使用頻度が高いとされるLINEの使用実態とLINEを利用した介入への展望（5章），そして，ネットいじめに対するSST（ソーシャルスキルトレーニング）の実践（6章）といった情報モラル教育を実施する際に参考となるテーマや課題についてそれぞれ論じた。ネットトラブルが起きやすい環境や関連する要因とそれへの対処について実証データに基づいた検討がなされており，実践するうえでどのようなアプローチが望ましいかを考えるヒントを読み取ってもらえるだろう。

　加えて，巻末には「資料」というかたちで，情報モラル教育を実践しようとする際に役立つツールやプログラムなどの情報源を掲載した。活用していただければ幸いである。

　最後に，本書の企画から刊行にいたるまで金子書房の渡部淳子さんにはご助力とご配慮をいただいた。記して感謝の意を表したい。

　2018年7月

編者を代表して

西 野 泰 代

目　次＊情報モラル教育

はじめに　西野泰代　i

理論編───────────────────1

1章　児童生徒の SNS 利用と友人関係との関連
──情報モラル教育を始める前に　　　　　　　若本純子　3
はじめに：なぜ大人は子どもの SNS 利用を嫌がるのか　3
1節　インターネットと SNS の歴史：
　　　大人と子どものギャップの根底にあるもの　4
（1）インターネットの始まり：1990年代　ネットは一部の人たちのもの　5
（2）インターネットが急速に普及し SNS が台頭：
　　　2000年代　日本では携帯メールの流行も　6
（3）SNS が全盛に：2010年代　誰もがインターネットの時代　7
2節　子どもたちはなぜ SNS にハマり，トラブルに陥るのか　8
（1）SNS 利用の主目的は親しい相手との楽しいやりとり　8
（2）SNS の交流では，親しさと密着が加速する　9
（3）SNS の使い分けが進んでいる　10
（4）SNS トラブルの背景：親しい友人との楽しいつながりを優先　12
3節　児童生徒の SNS 利用とコミュニケーション・
　　　友人関係との関連　13
（1）「やさしい」友人関係と SNS コミュニケーションとの連動　13
（2）「親密さ」や「関係」の意味が変容している　15
（3）SNS 時代における子どもの発達のゆくえ　16
4節　情報モラル教育の実施における留意点　18

2章　学校における情報モラル教育　　原田恵理子・森山賢一　23
はじめに　23
1節　学習指導要領における情報モラル教育と
　　　カリキュラム・マネジメント　24
（1）新学習指導要領と情報モラル教育　24
（2）「カリキュラム・マネジメント」と情報モラル教育　25

2節　情報モラル教育が重要とされる背景　26

3節　情報モラル教育の充実化　30

（1）「情報モラル」とは　30

（2）「情報モラル教育」の充実化への転換　30

（3）学校内外の教育活動全体で行われる情報モラル教育　33

1）情報モラル教育と人権教育　33

2）情報モラル教育と道徳教育　34

3）情報モラル教育と教育相談　35

4）情報モラル教育と家庭・学校・地域社会　35

（4）情報モラル教育におけるコミュニケーション力の重要性　36

さいごに　37

3章　道徳性の発達とネット社会に求められる教育　渡辺弥生　39

はじめに　39

1節　道徳的な感情を培うために　39

2節　モラルについての思考を育てるには──認知発達理論から　41

（1）規則についての理解　41

（2）自己中心性からの脱中心化　42

（3）公正さの概念の獲得　44

（4）道徳的な推論の重要性　46

（5）道徳か慣習か，はたまた個人の問題か　47

3節　思いやる行動を獲得するために──道徳的行動の獲得　47

（1）行為の再解釈　49

（2）因果作用のあいまい化　49

（3）結果の無視や歪曲　50

（4）被害者の位置づけ　50

4節　ネット社会での道徳性を磨く予防教育・開発教育　51

（1）道徳についての理論を知ること　51

（2）日常生活での遊びの大切さ　51

（3）効果のある教育実践に取り組むこと　52

（4）ネット世界だからこその留意点　53

エビデンス編 ———————————————————————————— 55

4章 「ネットいじめ」の特徴
——従来のいじめとの比較から見えてくるもの　　　西野泰代　57

はじめに　57

1節　いじめの背景にあるもの　58
（1）いじめはなぜ「仲間内」で起きるのか　59
（2）「つながり依存」　60

2節　ネットいじめとは　61
（1）ネットいじめの特徴　61
（2）従来のいじめとの関連　61
（3）ネットいじめを予測する要因　63
（4）いじめ加害経験について対面上とネット上では
　　　関連する要因が異なるのか　64

3節　ネットいじめの予防と介入　66
（1）個人の脆弱性への支援　67
（2）モラル教育への示唆　69

さいごに　70

5章　LINE の特性を活用する情報モラル教育
——児童生徒の LINE 利用とトラブルに関するエビデンスをふまえて
　　　　　　　　　　　　　　　　　　　　　　　　　若本純子　73

はじめに　73

1節　子どもの LINE 利用の実態　74
（1）LINE の機能とコミュニケーションの特徴　74
（2）児童生徒の LINE 利用の実態　77

2節　子どもの LINE トラブル　79
（1）トラブルに関する質問項目　79
（2）トラブル遭遇率　79
（3）トラブルの関連要因　80

3節　LINE を活かす情報モラル教育　80
（1）「SNS トラブルはフツウのこと」になる前に
　　　予防教育として実施する　82
（2）導入段階において LINE は有用な教材になりうる　82

（3）一次予防と二次予防の2段階で実施する　83

（4）子どもの現実とLINE上の世界は地続きであることをふまえて，
　　　トラブルに介入する　84

（5）目の前の相手とのつながりばかりを追求することが，
　　　トラブルを生んでいることに気づかせる　85

（6）おしゃべりを「やめる」方法をともに考え，共有させる　86

（7）「無料」の意味に気づかせる　86

6章　情報モラル教育の実際
──ネットいじめに対するSSTの実践　　　　　　　原田恵理子　89
はじめに　89

1節　国内外におけるさまざまなネットいじめに対する取り組み　90
（1）国外におけるさまざまな取り組み　90

（2）国内におけるさまざまな取り組み　91

2節　ネットいじめに対応する心理教育プログラムを活用した
　　道徳教育　92
（1）道徳教育におけるSSTの意義　93

（2）ソーシャルスキルトレーニング（SST）　94

（3）チームで行う継続的実施によるネットいじめを含むSST　95

　　1）実践例　95

　　2）組織と支援体制　100

　　3）実践の工夫　101

　　4）実践による学校の変化　102

3節　ネットいじめの対応に向けた心理教育の定着のポイント　104
さいごに　105

資　料　110

◀ 理論編 ▶

　本編では，情報モラル教育に関する最新の理論や資料を紹介しながら解説している。実践の前に知っておきたい，子どもたちのインターネット利用の実態（1章），情報モラル教育の意義や学校教育における位置づけ（2章），道徳性の発達とその支援（3章）についてである。読み進めることにより，情報モラル教育に取り組むための指針や展望を得ることができるであろう。

1章
児童生徒のSNS利用と
友人関係との関連
——情報モラル教育を始める前に

若本純子

はじめに：なぜ大人は子どものSNS利用を嫌がるのか

　児童生徒のSNSトラブルの急増を受け，情報モラル教育が本格的に始動した。教師にはインターネットや情報機器に対する苦手意識や「どう教えればよいかわからない」という不安がないだろうか。子どもが，なぜ依存と言われてしまうほどスマートフォンを手放せないのか，なぜ軽はずみに個人情報が満載の画像をSNS投稿してしまうのか，疑問に思ったことはないだろうか。SNSやスマートフォンの使用を禁止しなければ，児童生徒の安全を守れないのではないかと，焦燥感を感じたことはないだろうか。

　子どもがSNSを利用することに否定的なのは，教師だけではない。2013年，トレンドマイクロ社が小中学生の子どもをもつ保護者約400名を対象に行った調査では，「利用させたくない」38.3％，「どちらかというと利用させたくない」49.8％（IT media news, 2013）と，すこぶる評判が悪い。2018年に朝日新聞社が行った平成の時代認識を尋ねる全国世論調査（有権者3,000人に対する郵送調査，有効回答1,949，65.0％）において，「ネットの発達で社会は悪くなった」の回答は36％で，「よくなった」35％と世論を二分した。「悪くなった」と回答した人々が，インターネットが介在する子どもの事件やSNSトラブルを判断の根拠としていたであろうことは想像に難くない。

　一方，ティーンエイジャー（中学生・高校生）のSNS利用行動と心理を聞

き取り調査したボイド（boyd, 2014, 野中訳, 2014）によると，ティーンエイジャーは，自分たちのSNS利用に対する大人の過剰な拒否反応にとまどっているという。彼らは，思春期・青年期特有の「親しい友人と楽しいおしゃべりを続けたい」思いからSNSに没頭しているだけであり，以前はショッピングモールなどであった集いの場がSNS上へと移り，SNSは仲間と気のおけない交流ができる重要なパブリックスペースになった，と主張する。

　このように，大人と子どもの間にはSNSやインターネットの利用をめぐって考え方・とらえ方のギャップがありそうである。学校教育で行われているSNSを学ぶ実践・研究については，人を傷つけたり，迷惑をかけたりしないための心がけや，リスクから身を守る方法に限定されがちであるという批判もある（中橋, 2017）。子どもの目線を考慮しないままに，「～してはならない」「～しなければならない」とルールやマナーを伝えるだけの一方的な情報モラル教育では，児童生徒と大人とのギャップは埋まらず，教育効果も期待できない。児童生徒のSNSでのコミュニケーションとそこで生じるトラブルは，子どもたち側の心理的・行動的・発達的要因とSNSやインターネットの特性が交錯する場で生じている。大人の目線だけで動揺したり，従来の道徳的枠組みで正しいSNSの利用方法を教え込もうとしたりする前に，SNSに熱中する子どもたちの実態と背景をしっかりと把握し，情報モラル教育実践の基盤ともなるSNSやインターネット利用に関する子ども理解を確立することが優先されるであろう。

　本章では，教師のエンパワメントをねらいとして，情報モラル教育を実施する前に知っておきたい子どものSNS利用の実態と，その最たる背景要因である友人関係との関連について，国内外のエビデンス，ウェブニュースや調査結果等を概観しながら考察する。

1節　インターネットとSNSの歴史：大人と子どものギャップの根底にあるもの

　子どもと大人との間にあるSNSに関するギャップを理解するには，インターネットの歴史を知ることが有用である。図1-1に，インターネットにお

けるSNSの位置づけを図示し，表1-1に，本章で用いたインターネット関連の用語を整理した。インターネットに苦手意識がある読者は，こちらも参考にしながら読み進めてほしい。

（1）インターネットの始まり：1990年代　ネットは一部の人たちのもの

　インターネットは，研究者が研究者コミュニティ内でデータのやりとりをするために開発され，学術用のネットワークとして始まった。1960年代から1990年代頃の先駆的な利用者は，コンピュータの知識を相当もつ人々であった。彼ら・彼女たちは電子メールで知人と話し，知らない人と話したい場合にはチャットルームや掲示板など公に開かれたサービスの場を利用した。この時期のインターネット空間は話題やテーマごとに構成されており，利用者はテーマをもとに興味のあるサイトを選んで利用した。この時期に子どもや青年であっ

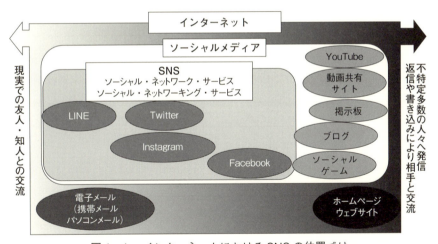

図1-1　インターネットにおけるSNSの位置づけ

注）SNSとソーシャルメディアの定義には双方をほぼ同じものとする考え方もあるが，ここではソーシャルメディア（プロフィールをもつ利用者が自身のコンテンツを作ってシェアできるもので，情報の発信，受信，共有，反応といった行動をともなう。北村・佐々木・河合，2016）のうち，とくに人との交流を主目的とするものをSNSとして示した。図の左に位置するほど現実での友人や知人が交流の相手であり，右に位置するほど不特定多数の人々が対象となっていることを示す。SNSは子どもたちの利用頻度が高いものほど上に配置した。なお，現在では各種ウェブサイトとSNSとの間で，またSNS相互で乗り入れが進んでおり，厳密な区別が難しくなっている。

表 1-1　本章で用いられているインターネット関連の用語

	本章で使用されている用語
インターネット	インターネット，ネット，ウェブ，オンライン
インターネット回線の種類	ブロードバンド
インターネットが利用できる機器	パソコン，携帯電話（フューチャーフォン，一般にガラケーとも言われている），スマートフォン（スマホ）
主な SNS	LINE（ライン），Twitter（ツイッター），Instagram（インスタグラム），Facebook（フェイスブック）など

た現在の大人たちにとって，インターネットはごく一部の人たちが利用するものだった。1997（平成 9）年当時の通信白書には，インターネット利用者は1,155万人（9.2％）と記されている。

（2）インターネットが急速に普及し SNS が台頭：
2000年代　日本では携帯メールの流行も

　2000年代に入り，ブロードバンド（大容量データの高速通信が可能な回線や通信網）が普及していったことで，ブログ（ウェブログの略。インターネット上の日記），写真や動画の共有サイト（YouTube など），知識共創共有サイト（Wikipedia など），そして SNS が次々に登場した。2004年に Facebook（フェイスブック），2006年に Twitter（ツイッター）のサービスが開始された。

　ところで，SNS とはどのように定義されているのだろうか。Ellison & boyd（2013）によれば，①本人，ほかの利用者もしくはシステムによるコンテンツに利用者を特定できるプロフィールがある，②ほかの利用者に公開された利用者間のネットワークが存在する，③利用者間のネットワークで生成されたコンテンツを消費，共有，もしくはやりとりできる，インターネットサービスのことである。「いいね」「コメント」「リプライ」「お気に入り」などの機能によって，交流や関係性を視覚的に把握する仕掛けが組み込まれている。

　SNS を中心とするソーシャルメディアでは，利用者は単なる情報の受け手ではなく，情報の作成，発信，共有の主体でもあり，このような相互的交流が

生じた点で，新聞・テレビ等のマスメディアと性質を異にする。また，SNS の台頭によって，情報の主たる受け手として知人が想定されるようになった。ここにおいて，インターネットにおけるコミュニケーションは，「テーマ」から「人」を中心に構成されるものへと大きく転換し，コミュニケーションと人間関係において重要な位置を占めることになった。

　日本でも Facebook や Twitter に加えて，2004年に mixi（ミクシィ）や GREE（グリー），2005年に YouTube，そして2006年に動画サイトであるニコニコ動画といった SNS がサービスを開始した。それと並行して，携帯メールが女子中学生・高校生を中心に大流行したが，携帯電話によるインターネット利用は，わが国においてのみさかんに見られた現象である。木村（2016）によれば，3G（第3世代携帯）回線によるインターネット接続とパケット通信定額制が広範にいきわたったことから，3G 携帯電話を用いた「プロフ」「ケータイミニブログ」などの青少年向けモバイルサイトが発展したのだという。

（3）SNS が全盛に：2010年代　誰もがインターネットの時代

　2010年代，スマートフォンの普及にともない，SNS 利用は拡大の一途をたどっている。現在，児童生徒が最も利用している LINE（ライン）は2011年，女性を中心に利用者が急増している画像共有サービスの Instagram（インスタグラム）は2010年にサービスが開始された。時間，場所の制限を超えてつながることが可能な SNS は，つながりを希求する人々のニーズに適合した。利用方法がより簡便化し，機器の開発や情報インフラの整備による接続の向上と，動画など大きな容量のデータも送受信可能になったことと相まって，加速度的に利用者数・利用時間が増加していった。

　現在の児童生徒は，インターネットが急速に社会に浸透していく過程と並走し成長してきた世代である。その世代にとって，SNS を介して友人と「おしゃべり」したり，娯楽を共有して楽しむことは，ごく日常的なことになっている。わが国で情報化元年と謳われた1995年から20余年を経て，誰もがインターネットを使える社会になったと思われる一方で，使えない人・使わない人・使いたくない人も共存する移行期にあることが，大人と子どものギャップ

を生み出しているといえるだろう。

2節　子どもたちはなぜSNSにハマり，トラブルに陥るのか

（１）SNS利用の主目的は親しい相手との楽しいやりとり

　ボイド（boyd, 2014, 野中訳, 2014）は，SNS時代の特徴的な現象として，子どもたちの現実世界とSNSやインターネットの世界が地続きになり，2つの境界が曖昧化したことを指摘している。具体的に説明すると，子どもがSNSで交流しているのは現実でも仲のよい友だちであり，現実でのコミュニケーションを拡大・延長あるいは補完する目的でSNSが利用されている。そこでの交流は，好きな友人と，好きなもの，楽しいことを共有・共感し合うことが主であり，現実と同様のリアリティをもって体験されている。こういった子どものSNS利用の特徴は，国内外の研究で共通して確認されている（土井, 2014；OECD, 2012；鈴木, 2016, 2018；若本・西野・原田, 2017）ことから，発達的な特徴として理解することができるだろう。

　『平成29年版情報通信白書』（総務省, 2017）によれば，10代（13〜19歳）のうち何らかのSNSを利用している者は81.3％，そのうち上位にあったのはLINEが79.3％，Twitter61.4％であった。LINEは，携帯メールやmixiに入れ替わる形で広がり，現実場面での友人との交流や連絡を目的として利用されている。そのため，児童生徒の利用数は突出して多く，友だちと気軽に連絡やおしゃべりができることが魅力とされている（5章参照）。

　一方，Twitterは，とくに10代と20代の利用が多く，現実でつながりのある人々との交流に加えて，現実では会ったことのない人々と趣味や好きなことなどについて情報交換や交流も行われている。そのなかでも，中学生・高校生は，リアルな世界でもつながっている人とLINEより「ゆるく」交流し（鈴木, 2016），好きなことや楽しみを共有するツールとしてTwitterを利用している。Twitterの利用行動を詳細に検討した北村・佐々木・河合（2016）によると，10代のTwitter利用者は，「自分の暇だという気持ち」（32.8％）を筆頭に，さびしさ，疲れ，自分がなした成果などを「つぶやき」として投稿しているが，

その理由において「知ってほしい」「共感してほしい」、「いいね」等で承認してほしいなどの項目が他世代よりも高いことが見出されている。一方で、ストレスを感じたとき、その発散のために「つぶやく」傾向も10代の特徴であるという。また、木村（2016）は、10代、20代ではテレビ番組に関してTwitterに投稿する者、Twitterの投稿をきっかけにテレビ番組を見る者が他世代と比較して多かったことを見出しており、児童生徒のテレビ視聴とSNS利用が密接に関連していることが示唆される。

　子どもたちにとっては、現実世界とSNS世界とは切れ目なくつながっているため、それぞれの空間がもつ固有の特徴は見失われやすい。その結果、現実とインターネット空間が混同され、SNSトラブルの引き金になることも少なくない。筆者の支援事例でも、SNS上の会話が、現実場面での会話のようにその場かぎりで消えてしまうものであるかのように思っている小学生、SNS上の会話が、友だちの友だちである見知らぬ他人にまで拡散しうることを想像すらしていない中学生、自分のスマートフォン画面にあるアプリを削除すれば、これまで発信してきた情報もすべて削除できたと思い込んでいる高校生などに出会った。この現実とインターネットを混同してしまう傾向は、認知発達が未熟な幼い子どもたちや、発達の遅れやばらつきのある子どもたちにより顕著である。

（２）SNSの交流では、親しさと密着が加速する

　児童生徒のSNSコミュニケーションを考えるにあたっては、スマートフォンという機器の影響を忘れてはならない。わが国ではNTTドコモがiPhone 5の取り扱いを開始した2013年に携帯電話とスマートフォンの所持数が逆転し、2017年現在、10代のスマートフォン保持率は8割（81.4％）を超えている（総務省、2017）。平成29年版情報通信白書では「スマートフォン時代の到来」が宣言された。

　スマートフォン等のメディアを介して、親密な相手とつながろうとする子どものコミュニケーションの系譜は、2000年代初頭に流行した携帯メールへと遡る。高橋（2007）は、中学生・高校生・大学生の携帯メール利用者とパソコン

メール利用者の性行動を比較し，携帯メール利用者のほうが相手との親密な関係の表現として性行動を取りやすいことを見出した。高橋はこの結果を，携帯電話という機器形態が，当事者間だけのきわめて個人的な，好みや共通の話題などを共有する交流を可能にし，情緒的かつ親密な関係を形成したためだと解釈し，携帯電話には親密加速効果があるとした。

　この特徴は，同じく1対1のコミュニケーションを主とするスマートフォンにもあてはまるが，スマートフォン時代と呼ばれる今顕著になってきた特徴もある。SNSでは，利用者が自らの意思で情報を選択しながら利用するが，過去の利用履歴等をもとに自動的に情報が選別されて届けられる側面ももつ。すなわち，画面に示される情報は自分好みのものへと精選されており，交流する相手も好みの相手であることから，親密さはいっそう高まると推測される。

　親しい友人との常時接続や密着も，携帯メール利用において報告されてきた。当時の中学生の約半数は携帯電話がないと落ち着かず，携帯メールの返信が30〜60分以内に返ってこないと不安になったという（たとえば高石，2006；矢島，2004）。保坂（2010）は，このような密着が生じたのは，発達加速にともなう前思春期の喪失に理由があるとする。発達加速現象以前の児童生徒は10代半ばに第二次性徴を迎えていたため，小学生高学年〜中学生前半に前思春期が存在した。前思春期は，情緒は穏やかで，認知が形式的操作へと移行する時期である。子どもたちはこの間に，児童期の仲間関係をより発展させ，自分自身や親との関係を見つめ直すための準備ができた。しかし，発達加速によって，自我や認知能力が未成熟かつ準備不足のままに，思春期の身体の変化，それにともなう自己概念や情緒の動揺，親からの自立などの心理的課題に直面せねばならなくなった。その不安から，子どもたちは友人と密着したがるという。

（3）SNSの使い分けが進んでいる

　親しい友人との頻回の交流は，携帯メール以降，mixi，LINEへと引き継がれた。2013〜2014年頃「LINEの既読無視（スルー）」「LINEいじめ」「LINE疲れ」などが人間関係のトラブルとして大きく報じられたが，ここで問題とされていたのは，親しさと密着の加速がもたらす人間関係のひずみであった。し

かし，今，児童生徒の中では複数の SNS の使い分けが進んでいる。1995年以降，5 年ごとに行われている情報行動の2015年時調査において，木村（2016）は，複数の SNS を利用している10代（13〜19歳）は72.5%であり，SNS 利用パターンで最も多かったのは LINE ＋ Twitter 利用42.5%，次が LINE のみの利用27.4%であったことを報告した。使い分けの主な理由は，メッセージの受信者が不快に思わないよう配慮して，相手やテーマ別に発信元を複数もつためである。

　たとえば，ある女子高校生は，相手の反応を予想しながら返信を考えるのが苦痛であるため多数の LINE のメッセージを未読スルー（メッセージを読まないまま放っておくこと）しているが，Twitter では自分の本音を吐き出せるという。Twitter はアカウント（インターネットのサービスを利用する際の権利を示す戸籍のようなもの）を複数設定できる。本名を公開しているアカウントや，匿名で趣味専用のアカウントなどを使い分け，各々の場に応じて投稿内容を変えながら，交流を楽しんでいるという（アエラ，2017）。しかし，鈴木（2018）によると，現在，女子高校生の間では Twitter よりもっと気軽に投稿を楽しめる Instagram のストーリーズ（24時間経つと投稿が自動的に消える。静止画や動画に文字や動きの加工を付けて投稿することが可能）を使用する傾向が広がっているという。

　LINE から Twitter，さらに Instagram のストーリーズへとより気軽な SNS へと利用が移行している状況は，親しい友人との緊密すぎる関係や交流，それにともなうわずらわしさや衝突を，SNS を使い分けることで回避しようとしているようにも見える。携帯メールの頃に見られた密着し続けようとする行動パターンから，異なる段階の行動パターンへと移行し始めているともとらえうる。

　そうであっても，児童生徒にとって友人関係が最も重要であることには変わりはない。相手の好意を失いたくないからこそ，失うことへの不安が強まるアンビバレントな心性にある。SNS の使い分けとは，各 SNS の機能的な違いを利用して，相手との距離感をほどよく保とうとする子どもなりの対処法なのだろう。

（4）SNSトラブルの背景：親しい友人との楽しいつながりを優先

　今の子どもたちは，さまざまなデジタルツールを使いこなせる反面，セキュリティリスクやトラブル対処に関する知識が不足していると世界的に指摘されており（boyd, 2014, 野中訳，2014；OECD, 2012），リテラシーは決して高くない。つまり，インターネットを使いこなせはするが，インターネットを十分に理解できているわけではない。その理由は，子どもにとってSNSやインターネットはあって当然のものであり，その成り立ちや仕組みに対する関心が湧きにくいためであろう。われわれ大人が家電の成り立ちや仕組みを大して理解できていないのと同じである。

　しかし，より重要なのは，子どものSNS利用では友人とのつながりが最優先されるため，友人と楽しい交流をより活発に行うのに要するスキルの習得には熱心でも，セキュリティリスクやトラブルへの安全な対処法には相対的に無頓着だと考えられることである（鈴木，2016も同様の指摘をしている）。

　Dooley, Cross, Hearn, & Treyvaud（2009）は，友人とつながっていることを重視する子どもは，画像を含む個人情報をより多く漏らす過剰共有のリスクが高いことを示している。また，若本（2016）は，小・中学生に比べてデジタルスキルが高いはずの高校生が，LINEトラブルの加害・被害両方の経験値が有意に高く，個人情報漏洩や対人トラブルを根拠なく「大したことない，何とかなる」と楽観視していることを見出した。この態度は，木村（2016）が見出した10代・20代が多いTwitter利用者の「明日は明日で何とかなる」という刹那主義的態度，「インターネットではその手のリスクは当然」として問題と見なさない態度（田中・山口，2016）とも符合する。Twitter利用時において10代だけがストレスを感じたときに憂さ晴らしとしてつぶやく特徴があるのも（北村ら，2016），インターネット上の事象が現実に及ぼす影響を過小評価することによって生じていると考えられる。

3節　児童生徒のSNS利用とコミュニケーション・友人関係との関連

　ここまで，児童生徒がSNSを通して，友人を希求する態度が繰り返し示唆されてきた。このように，子どもがSNSに夢中になる姿の根底に友人関係が色濃く関与している。その姿には，従来から知られている子どもの発達的な特徴と，SNS時代ならではの心理社会的な特徴が混在しているように見受けられる。ここでは，子どものSNS利用を，コミュニケーションと友人関係との関連という観点から考察していきたい。

(1)「やさしい」友人関係とSNSコミュニケーションとの連動

　伝統的な発達観によると，児童期から，思春期・青年期へと子どもが成長していくにつれて，友人関係は変化すると考えられてきた。小学校低学年では「家が近い」「席が隣どうし」などの理由で友だちになり，同性だけの仲間集団をつくる時期を過ぎ，相手の人柄などから友人をつくるようになる。青年期には，互いの悩みや弱さを打ち明け合え，時には共感し合い，時にはライバルとして切磋琢磨し，相互の人格や個性を認め合う友人関係を築くとされてきた（東・繁多・田島，1992）。

　しかし，1990年頃から，若者の友人関係が，互いに傷つけたり，傷つけられたりしないよう配慮し合う，表面的で「やさしい」関係へと変化していると指摘されるようになった。たとえば，岡田（1993, 2010など）は，青年の友人関係には，互いに内面を開示し合うような深いかかわりをともなう伝統的な友人関係もあるが，傷つけ・傷つきの可能性がある深いつきあいは回避しながらも友人と話を合わせつつ楽しく快活に過ごす「群れ志向」，深いつきあいの回避と対人恐怖的な心性が同居する「対人退却」の3タイプがあることを見出し，「群れ志向」を現代的な友人関係の典型とした。また，児美川（2006）は，若者の友だちづきあいにはある種の規範があることを示唆した。それは4つの暗黙のルールであり，相手に対する配慮を示すこと，負担をかけないこと，不快

な思いをかけないこと，内面やプライベートにはふみ込まないことからなる。

土井（2009, 2014）も，「やさしい」友人関係に注目している。その背景として，児童生徒は教室という閉鎖空間の中で学校生活の大半を送ることから，友人関係が狭く固定的で過剰に気を遣わざるを得ない点を重視している。友人に話を合わせて表面的につきあう「やさしい」友人関係は小学生・中学生・高校生すべてに見られ，若年であるほど同調傾向が高いという。児童生徒にとって最も大切なのは，教室の中で仲間集団から排除されずに生き延びることであり，そのための手段として同調的な行動や同質的な人間関係が形成されるというのである。

同質性を基盤とする仲間関係のあり方は，サリバン（Sullivan, 1953, 中井・山口訳, 1976）が示唆したチャムグループの特徴（図1-2）と一致する。チャムグループは中学生（思春期前半）の仲間集団にみられ，高校生（思春期後半）にはピアグループに移行するとされてきた。しかし保坂（2000）は，仲間関係が変質していることを見出し，現在の仲間関係の特徴として，ギャンググループの消失，チャムグループの肥大化，ピアグループの遷延化を指摘した。すなわち，現在では，小学生，中学生，高校生を問わずチャムグループの特徴がみられるというのである。このような子どもの友人関係や仲間関係の変化と，友人との交流においてSNSが主流になり，子どもたちがSNSを通してチャム

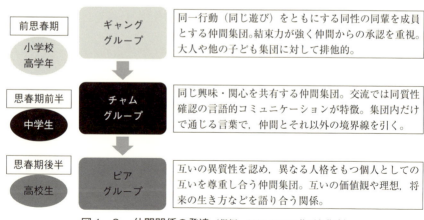

図1-2　仲間関係の発達（保坂，2000, 2010に基づき作成）

グループに特徴的なコミュニケーションを頻回に行っていることとは，連動する現象といえるだろう。

（2）「親密さ」や「関係」の意味が変容している

　木村（2012）は，SNS等インターネットコミュニケーションを質的に分析するなかで，若年であるほど，心が動かされた程度（テンション）を共有するだけで，相手を親しいと認識する傾向があることを見出している。土井（2004）は，子どもたちが「むかつく」などの生理的・感覚的表現を多用するのは心の状態を言葉にして表現することに意味がないと思っているからで，親密さを高めるコミュニケーションには感覚的な一体感が好まれることを示唆した。ごく短文のメッセージと画像を投稿し，共感や承認も，ボタンひとつで手軽にかつ頻繁に「いいね！」で示したり受け取ったりすることができるSNSの仕様は，子どもが親密さを高め合うコミュニケーション様式に驚くほど適している。それと並行して，言葉の無力化や，感覚の肥大化が進行しているかもしれないことがうかがわれる。

　児童生徒のコミュニケーションの変化は，「親密さ」だけでなく「関係」の意味も変容させているように思われる。親密さとはそもそも関係の質を表す言葉だが，今の児童生徒にはやりとりがうまくいくこと（たとえば「テンション」を共有し楽しめた）で親しさが担保されることから，人間同士の「関係」や包括的な存在としての「対象」「相手という人間」に対しては消極的であるように見える。「推し」と称される自分が好きな人物やキャラクターなどを，「推し」が共通するメンバー内で局所的にやりとりするコミュニケーションのあり方や，SNSコミュニケーションでトラブルがあった場合，アカウントを削除したり，フォローを外したりする，関係の再構築よりも回避を選択する対人態度（アエラ，2017），Twitterで特定ではない「誰か」からの共感や承認を期待する10代利用者の姿（北村ら，2016）は，特定の対象との緊密かつ深い「関係」は回避しつつ，やりとりにおける感覚的で心地よい「親密さ」を求める友人関係のありようを映し出している。相手に関心がない話をすることで不快な思いをさせてしまうことを避けるために複数のアカウントを使い分けてい

ることと同じく，傷つき・傷つけを避ける「やさしい」友人関係の一側面だと
考えられる。

（3）SNS 時代における子どもの発達のゆくえ

　子どもの発達過程において，親などの養育者，親しい友人など重要な他者と
のコミュニケーションは極めて重要な役割を果たす。人や社会との関係を築く
力である社会性の発達だけでなく，人間同士の相互作用や抽象的な思考を支え
る言語，他者との交流のなかで生じ人生を豊かにするだけでなく，行動や自己
統制の基盤となる情緒など心理機能全般にわたる発達と密接に関連している。
なかでも，自己の発達は，重要な他者と交流し，相手から期待や承認を向けら
れ，それらを取り入れることで生涯をかけて進展していく。わが国では国際的
に見て，子どもたちの自尊感情が低いといわれるが，SNS 時代の児童生徒の
友人関係やコミュニケーションは，自己のあり方とどのように関連しているだ
ろうか。

　土井（2004）は，「テンション」のような感覚に依存して成立する自己は，
持続性と統合性に問題をはらむために不安定で，親しい友人からの承認を絶え
間なく求めざるを得ず，それが友人たちへの過剰なほどの気遣いにつながって
いるとの論考を示した。心理学の実証研究においても類似した知見が得られて
いる。たとえば，岡田（2007）は，群れ志向の友人関係をもつ青年の自己概念
は相対的に未熟であり，相手への気遣いも相手のためというよりは，他者から
の承認を得て自己肯定感を保つためのものであることを見出した。高校生の
LINE 利用時の認識と友人関係との関連を検討した時岡ら（2017）においても，
相手からのメッセージに即返信しなければと考えるのは，相手から傷つけられ
ることを回避するためであり，相手を傷つけたくないとの思いとは無関係で
あったことが示されている。

　この傷つけられることを回避する態度を，自己愛の一形態とする見方が，現
在の心理学では主流である。自己愛というと傲慢で自己顕示的な心理特性とさ
れてきたが，ギャバード（Gabbard, 1994，舘監訳，1997）により，自己愛に
は上述した周囲を気にかけないタイプと，周囲の人々の反応を過剰に気にかけ

る，自己抑制的で傷つきやすく羞恥や屈辱を感じやすい「過敏型」タイプとがあり，2つは連続しているという考え方が示された。「過敏型」の人は，常に他者からの肯定的な評価を待っている状態にあり，自己肯定感が他者からの否定的な評価によって崩れやすい「もろさ」をもつという特徴がある。その一方で，心の底には自己を顕示したい欲求が潜んでおり，周囲からの特別な配慮を期待しているという（上地・宮下，2004）。相手から傷つけられないよう最大限の注意を払いながらも，相手を断片化し，自分にとって好ましい部分とのみ親密な関係を築き，共感や承認を求める子どもたちの姿の説明として納得がいくものである。本節（1）で示した，チャムグループが小学生や高校生にまで広がっていることもまた，傷つきやすく誰かに承認され続けていたい自己愛的なもろい自己が，他者との相違がもたらす衝突や葛藤を回避できる同質的なコミュニケーションと相補的かつ循環的な関係にあることで生まれていると考えられる。

　しかし，自己愛的な心性とSNSコミュニケーションの因果関係はまだ不明である。また，小学生の自己愛的な行動と高校生のものとを一元的に論じることにも無理がある。それに加え，子どもや若者において言葉が無力化していることは，これまでにも繰り返し指摘されてきたことで（桜井，1985など），SNS時代の子どもたちに特有の現象とはいえないかもしれない。

　現代的な「やさしい」友人関係のとらえ方についても異論がある。浅野（2006）は，現代の青年は家庭，学校，アルバイト先，インターネットなどさまざまなチャネルをもち，それぞれにふさわしい態度を選択的に使い分けているのだと肯定的にとらえている。そして，多様な価値観がある現代社会では，一貫した自己を持ち続けるよりも，流動的に状況に合わせて自己のありようを変動させたほうが適応的であることから，青年や子どもたちは複数の自分らしさをもち，使い分けているとする。今の子どもたちのSNSコミュニケーションに見られる特徴は，変化にともなう発達経路の変化，あるいは進化なのかもしれないが，小学生に関しても同様のことがいえるかは未検討のため言及できない。

　誰もがインターネットを利用するようになった現代，SNSがコミュニケーションの重要な位置を占める子どもの発達に関する検討は始まったばかりであ

る。彼ら・彼女たちがいかなる発達をたどるか，そこにSNS利用がどのような影響をもたらすかの検討は，今後継続的に取り組むべき重要課題である。

4節　情報モラル教育の実施における留意点

　インターネットは急速に発展し，情報モラル教育を実施するにあたっての課題も刻々と変化している。そのため，インターネット世界の常識や動向と，子どものSNSやインターネットの利用との間に，すでにギャップが生じていることに留意したい。たとえば，現在インターネット世界では，オンライン（インターネット）とオフライン（現実）をどの程度重ねて利用するかは個人の選択に委ねられる段階になったといわれているが（北村ら，2016），子どもたちの場合は，今もなお日常の人間関係やコミュニケーションの延長としてSNSを利用している者が大半である。

　また，インターネットを有効活用できるかどうかは個人のスキル次第であるが，発達過程にある子どもたちは，当然のことながらインターネットの理解や利用に関するスキルが十分ではなく，幼い子どもや能力・スキルが低い子どもほどトラブルに遭いやすい。知的障害や発達障害がある子どもも同様である。それにもかかわらず，インターネット空間は，利用者一人ひとりが能動的な表現者として大きな力をもつ世界であり，情報選択や関係調整の力が「個人」の責任として求められる（Rainie & Wellman, 2012）。友人とつながりたいという素朴な理由で，未熟な心性のままインターネット世界に踏み込んだ子どもであっても特別な配慮はなされない。このような「個人」に強く焦点化されるインターネット世界の動向は，学校教育のように「場」に依って立つ機能と相容れない面が多く，情報教育を学校で行うことの難しさにつながっている。

　一方，大人側，すなわち教師や保護者側については，モラルパニックの可能性に言及しておきたい。インターネットのようなテクノロジーやメディアが新たに導入されると，既存の社会秩序を脅かしモラルの低下を招くのではないかと恐れるモラルパニック（道徳恐慌）（Cohen, 1972）が生じやすく，反動的な反応として，強いモラルの引き締め・締め付けといった行動につながりやすいことが知られている。実際にアメリカでは，インターネットの利用によって女

子生徒・学生が性被害者になるとして，利用を全面的に制限させようとする運動が起こるなどの過剰反応が生じた例がある（たとえば Finkelhor, 2011）。

　このように「モラル」は人を感情的に反応させる引き金にもなりうることから，情報モラル教育や道徳教育を学校現場や教師，あるいは保護者にまかせきりにすることは望ましくない。行政や研究者が教師や保護者のエンパワメントに努め，エビデンスやそれに基づくプログラムの提供など，社会全体で注視して協働することが重要である。

引用文献

アエラ（2017）．LINE 返信が面倒すぎる！　「未読スルー」の女子高生たち　https://dot.asahi.com/aera/2017081500021.html（2017年8月17日リリース）

朝日新聞社（2018）．平成とは？「動揺した時代」最多42%　朝日世論調査　https://www-asahi-com.cdn.ampproject.org/v/s/www.asahi.com/amp/articles/ASL4T4S34L4TUZPS009.html?amp_js_v=0.1&usqp=mq331AQGCAEYASgB#origin=https%3A%2F%2Fwww.google.co.jp&prerenderSize=1&visibilityState=prerender&paddingTop=54&p2r=0&horizontalScrolling=0&csi=1&aoh=15270149991854&viewerUrl=https%3A%2F%2Fwww.google.co.jp%2Famp%2Fs%2Fwww.asahi.com%2Famp%2Farticles%2FASL4T4S34L4TUZPS009.html&history=1&storage=1&cid=1&cap=swipe%2CnavigateTo%2Ccid%2Cfragment%2CreplaceUrl（2018年4月30日リリース）

浅野智彦（編）（2006）．検証・若者の変貌——失われた10年の後に　勁草書房

東　洋・繁多　進・田島信元（編集企画）（1992）．発達心理学ハンドブック　福村出版

boyd, d.（2014）. *It's complicated: The social lives of networked teens.* New Haven: Yale University Press. 野中モモ（訳）（2014）．つながりっぱなしの日常を生きる——ソーシャルメディアが若者にもたらしたもの　草思社

Cohen, S.（1972）. *Folk devils and moral panic: The creation of the mods and rockers.* London: MacGibbon and Kee.

土井隆義（2004）．「個性」を煽られる子どもたち——親密圏の変容を考える　岩波書店

土井隆義（2009）．キャラ化する／される子どもたち——排除型社会における新たな人間像　岩波書店

土井隆義（2014）．つながりを煽られる子どもたち——ネット依存といじめ問題を考える　岩波書店

Dooley, J. J., Cross, D., Hearn, L., & Treyvaud, R.（2009）. *Review of existing Australian and international cyber-safety research.* Child Health Promotion Research Centre, Edith Cowan University. http://www.dbcde.gov.au/_data/assets/pdf_file/0004/119416/ECU_Review_of_exsisting_Australian_and_international_cyber-safety_research.pdf

Ellison, N. B., & boyd, d. (2013). Sociality through social network sites. In W. H. Dutton (Ed.), *The Oxford handbook of internet studies*. Oxford: Oxford University Press. pp. 151-172.

Finkelhor, D. (2011). The internet, youth safety and the problem of "Juvenoia". Crimes against children research center, University of New Hampshire. http://www.unh.edu/ccrc/pdf/Juvenoa% 20paper.pdf

Gabbard, G. O. (1994). *Psychodynamic psychiatry in clinical practice: The DSM- Ⅳ edition.* Washington D. C.: American Psychiatric Association. 舘　哲朗（監訳）(1997). 精神力動的精神医学：その臨床実践〔DSM- Ⅳ版〕③臨床編：Ⅱ軸障害　岩崎学術出版社

保坂　亨（2000）. 学校を欠席する子どもたち――長期欠席・不登校から学校教育を考える　東京大学出版会

保坂　亨（2010）. いま，思春期を問い直す――グレーゾーンに立つ子どもたち　東京大学出版会

IT media news（2013）. 9割が子どもにSNSを「利用させたくない」――小中学生の保護者　トレンドマイクロ　http://www.itmedia.co.jp/ news/articles/1304/16/news094.html（2013年4月16日リリース）

上地雄一郎・宮下一博（編著）(2004). もろい青少年の心――自己愛の障害　発達臨床心理学的考察　シリーズ・荒れる青少年の心4　北大路書房

木村忠正（2012）. デジタルネイティブの時代　平凡社

木村忠正（2016）. ソーシャルメディアと動画サイトの利用　橋元良明（編）日本人の情報行動2015　東京大学出版会　pp. 143-179.

北村　智・佐々木裕一・河合大介（2016）. ツイッターの心理学――情報環境と利用者行動　誠信書房

児美川孝一郎（2006）. 若者とアイデンティティ　法政大学出版局

中橋　雄（編著）(2017). メディア・リテラシー教育――ソーシャルメディア時代の実践と学び　北樹出版

OECD（2012）. The Protection of Children Online. http://www.oecd.org/sti/ieconomy/childrenonline_with_cover.pdf　OECD（2012）. インターネットのリスクにさらされている子どもたちを守るための青少年保護政策報告書　経済協力開発機構（OECD）（編著）齊藤長行（訳著）新垣　円（訳）(2016). サイバーリスクから子どもを守る――エビデンスに基づく青少年保護政策　明石書店　pp. 27-206.

岡田　努（1993）. 現代青年の友人関係に関する考察　青年心理学研究, *5*, 43-55.

岡田　努（2007）. 大学生における友人関係の類型と，適応及び自己の諸側面の発達の関連について　パーソナリティ研究, *15*, 135-148.

岡田　努（2010）. 青年期の友人関係と自己――現代青年の友人認知と自己の発達　世界思想社

Rainie, H., & Wellman, B. (2012). *Networked: The new social operating system*. Cambridge, MA: MIT Press.

桜井哲夫（1985）. ことばを失った若者たち　講談社

総務省（2017）. 平成29年版情報通信白書　http://www.soumu.go.jp/johotsusintokei/

whitepaper/ja/h29/pdf/index.html

Sullivan, H. S. (1953). *Conceptions of modern psychiatry*. New York: W. W. Norton. 中井久夫・山口　隆（訳）(1976)．現代精神医学の概念　みすず書房

鈴木朋子（2016）．中高生が LINE と Twitter を使い分けるワケ——なぜ彼女たちは個人情報を載せるのか　http://toyokeizai.net/articles/-/126274（2016年7月9日リリース）

鈴木朋子（2018）．女子高生の「ツイッター離れ」が進行する必然——SNS の使い方が変わり始めている　http://toyokeizai.net/ articles/-/209187（2018年2月18日リリース）

高橋征仁（2007）．コミュニケーション・メディアと性行動における青少年層の分極化——携帯メールによる親密性の変容　財団法人日本性教育協会（編著）「若者の性」白書：第6回青少年の性行動全国調査報告　小学館

高石浩一（2006）．思春期・青年期の人間関係——メディアの影響を中心に　伊藤美奈子（編）思春期・青年期臨床心理学　海保博之（監修）朝倉心理学講座16　朝倉書店　pp. 42-58.

田中辰雄・山口真一（2016）．ネット炎上の研究——誰があおり，どう対処するのか　勁草書房

時岡良太・佐藤　映・児玉夏枝・田附紘平・竹中悠香・松波美里・岩井有香・木村大樹・鈴木優佳・橋本真友里・岩城晶子・神代末人・桑原知子（2017）．高校生の LINE でのやりとりに対する認知に現代青年の友人関係特徴が及ぼす影響　パーソナリティ研究, *26*, 76-88.

若本純子（2016）．児童生徒の LINE コミュニケーションをめぐるトラブルの実態と関連要因——小学生・中学生・高校生を対象とする質問紙調査から　佐賀大学教育実践研究, *33*, 1-16.　http://portal.dl.saga-u.ac.jp/handle/ 123456789/122605

若本純子・西野泰代・原田恵理子（2017）．高校生の LINE いじめにおける加害・被害・傍観行動と心理的要因との関連——現実との連続性に注目して　佐賀大学教育学部研究論文集, *2*（1），223-235.　http://portal.dl.saga-u.ac.jp /bitstream/123456789/ 123316/1/ wakamoto-1_201708.pdf

矢島正見（編）（2004）．青少年の意識・行動と携帯電話に関する調査研究報告書　警察庁生活安全局少年課

2章
学校における情報モラル教育

原田恵理子
森山賢一

はじめに

　ネット上のいじめやトラブルの当事者（加害者・被害者・傍観者）とならないために，学校教育現場では児童生徒にどのような教育や援助ができるのであろうか。

　情報社会で適正な活動を行うための基になる考え方と態度を児童生徒に身につけさせることは，学級や学校環境の安全，仲間関係の良好な構築になるだけでなく日常生活やライフスタイルに大きな影響を与え，今後より発展するであろう高度な情報社会においても，その社会の変化に対応できる力を身につけることになる。改訂された学習指導要領が，2020年に小学校から順次全面実施されるなか，情報モラル教育と関連する「道徳教育」「体験活動」「安全教育」などの充実は，改訂ポイントとされている（文部科学省，2017b）。

　そこで本章では，日本の学校教育の現場で情報モラル教育を実施しようとするときに理解しておきたい学習指導要領に焦点をあて，教育課程に基づく教育活動の質向上と学習効果の最大化を図る「カリキュラム・マネジメント」「情報モラル教育の背景とその充実化」について説明する。

1節　学習指導要領における情報モラル教育とカリキュラム・マネジメント

（1）新学習指導要領と情報モラル教育

　新学習指導要領が全面実施となるのは小学校では2020（平成32）年度から，中学校では2021（平成33）年度からである。また高等学校では2022（平成34）年度から年次進行で実施となる。

　新学習指導要領は2030年頃までの間，子供たちの学びを支える重要な役割を担うことになるとして，これからの予測困難な時代を生きる子供たちに必要な資質・能力を育てる学校教育の実現をめざしたものである。

　新学習指導要領における教育の情報化については，教育の情報化の3つの側面すなわち，情報教育，教科指導におけるICT活用，校務の情報化を通じた教育の質向上を基本としている。

　そこでは情報活用能力を言語能力と同様に学習の基盤となる資質・能力と位置づけられた。小学校学習指導要領総則においては，児童生徒の発達段階を考慮し，言語能力，情報活用能力（情報モラルを含む）等の学習の基盤として必要となる情報手段の基本的な操作を習得するための学習活動や，プログラミングを体験しながらコンピュータに意図した処理を行わせるために必要な論理的思考力を身に付けるための学習活動を計画的に実施することとされた。このように小学校学習指導要領に「情報活用能力」が規定されたのはこれまでにない初めてのことである。

　さらに，総則において情報活用能力の育成を図るため，各学校において，コンピュータや情報通信ネットワークなどの情報手段を活用するために必要な環境を整え，これらを適切に活用した学習活動の充実を図ることに配慮することとされ，ICT環境の整備の必要性についても総則において明記されることとなった。

　とくに情報活用能力の育成についてはICTの基本的な操作，情報の収集・整理発信といった「情報活用の実践力」，プログラミングを中心とした「情報

の科学的な理解」，「情報発信による他人や社会への影響等を理解する『情報モラル』」の3つの観点からその育成に取り組むことが示され，情報モラル教育の重要性は明確に位置づけられている。

（2）「カリキュラム・マネジメント」と情報モラル教育

2016（平成28）年12月の中央教育審議会答申「幼稚園，小学校，中学校，高等学校及び特別支援学校の学校指導要領等の改善及び必要な方策等について（答申）」では，『教育課程とは，学校教育の目的や目標を達成するために，教育の内容を子供の心身の発達に応じ，授業時数との関連において総合的に組織した学校の教育計画であり，その編成主体は各学校である。各学校には，学習指導要領等を受け止めつつ，子供たちの姿や地域の実情等を踏まえて，各学校が設定する学校教育目標を実現するために，学習指導要領等に基づき教育課程を編成し，それを実施・評価し改善していくことが求められる。これが，いわゆる「カリキュラム・マネジメント」である。』と示されている。このことは「カリキュラム・マネジメント」が，各学校における教育課程の編成，実施，計画，改善にかかわる考え方の総称であることを意味しているのである。

さらに新学習指導要領総則においては，「児童や学校，地域の実態を適切に把握し，教育の目的や目標の実現に必要な教育の内容等を教科等横断的な視点で組み立てていくこと，教育課程の実施状況を評価してその改善を図っていくこと，教育課程の実施に必要な人的又は物的な体制を確保するとともにその改善を図っていくことなどを通して，教育課程に基づき組織的かつ計画的に各学校の教育活動の質の向上を図っていくこと」と定義がなされている。

とくにこれからの教育課程においては，各教科等の枠を超え，各教科等の教育内容を相互の関係でとらえ，学校の教育目標を踏まえた教科等横断的な視点で教育内容を組み立て，組織的に配列していくことが重要であるとして，「カリキュラム・マネジメント」の視点が重要であるとした。この視点は情報モラル教育のさらなる充実においても同様に重要な視点である。

各学校において，情報モラル教育が効果的で一層の充実の方向に進んでいくには，情報モラル教育の基本的な方針や現状の把握，指導内容の具体等につい

て共有を図りながら実際の取り組む内容を系統的に配列していくことが必要である。

具体的には、まず子供たちをとりまく環境等の現状を各学校において把握することが求められる。近年、スマートフォンやSNSが子供たちの間に急速に普及し、インターネット利用時間の長時間化、個人情報の取り扱い、不正請求等への対処など、多くの課題があるが、これらの課題の状況については地域や校種によっても大きく変化があると思われる。

情報モラルとは「情報社会で適正な活動を行うための基になる考え方と態度」であるから、各教科、総合的な学習の時間、特別活動等での学びとも連動し横断的な視点で教育内容を組み立てることが必要である。

また、情報モラル教育を進めるにあたっては、指導の手引きにもあるように、日常モラルを育てること、仕組み（インターネットや機器・サービス等の特性）を理解させること、日常モラルと仕組みを組み合わせて考えさせることの3つの視点があげられている。

この進め方の3つの視点についても考慮することが必要不可欠である。

このような視点を踏まえることによって、はじめて情報モラル教育が狭義のモラルの範疇だけで終わらず、情報安全や情報セキュリティを含む情報モラル教育の実現が可能となるのである。さらに情報モラル教育の充実によって、学校全体で計画的に取り組むことが、必要に応じ生徒指導との連携、家庭地域の連携につながっていくのである。

2節　情報モラル教育が重要とされる背景

2004年に小学校6年生女児がインターネット掲示板への書き込みをめぐるトラブルから同級生をカッターナイフで殺傷した事件（長崎県，2004）が大人を震撼させたことに始まり、2007年に兵庫県高校3年生男子が、実名、住所やメールアドレス、服を脱がされた動画や写真をネット上で公開したいじめ、2008年に埼玉県中学校3年生女子が「うまくすれば不登校になる」「キモイ」などプロフィールサイトへの書き込みを苦にして、自殺したということがあっ

た（宮川・竹内・青山・戸田，2013）。これ以降も，児童生徒のインターネットの掲示板や携帯電話のメールによるトラブルやいじめは多発し，情報モラルに関する意識の欠如が大きな社会問題となった。それから今日まで，児童生徒のトラブルやいじめは後を絶たず，1980年代後半からいじめ，およびいじめによる自殺，2006年前後からネットいじめが日本国内のマスメディアで取り上げられるようになり（宮川ら，2013），いじめが注目されると同時に，その対応策の充実が叫ばれてきた。たとえば，文部科学省のHPサイト内で「情報モラル」「いじめ」をキーワードに検索すると700件ヒットし（2018年1月3日アクセス），「『ネット上のいじめ』から子供を守るために」，「情報モラル教育——携帯電話と正しく付き合うために」，「『子供のための情報モラル』育成プロジェクト——考えよう　家族みんなで　スマホのルール」などがあがってくる。この「ネットいじめ」「情報モラル」ということばを論文検索サイトCiNiiで検索すると，「ネットいじめ」は221件，「情報モラル教育」は397件で，2011年以降から研究も増えている。

　ここで注目すべきネットいじめは，2011年10月の滋賀県大津市で起きた中学校2年生男子生徒のいじめ自殺事件である。これを契機に，2013年のいじめ防止対策推進法が制定，インターネットを通じて行われたものを含むいじめの定義へと修正された（表2-1）。そのいじめ防止法第1条では，「いじめが，いじめを受けた児童等の教育を受ける権利を著しく侵害し，その心身の健全な成長及び人格の形成に重大な影響を与えるのみならず，その生命又は身体に重大な危険を生じさせる恐れがあるものである」とし，人権侵害であることも明示されている（文部科学省，2013a）。文部科学省によるいじめの定義（表2-1）では，いじめはインターネットを通じて行われるものを含むとし，さらには，生命や身体，財産に重大な被害が生じる場合は教育的および被害者の意向に配慮して，早期に警察と連携・対応することが示され，学校が取り組むべき対策として，「早期発見のための措置」「相談体制の整備」「道徳教育の充実」等が掲げられている。

　しかし，児童生徒はこれまでにも保護者や教員から，「いじめはいけない」「いじめはよくない，悪い」と教育・指導がされてきた。それにもかかわらず，いじめられている子の気持ちがわかっていても助けてあげられない，いじめを

表2-1　いじめの定義（文部科学省HP「いじめの定義の変遷」より一部抜粋）

平成18年度からの定義
　本調査において，個々の行為が「いじめ」に当たるか否かの判断は，表面的・形式的に行うことなく，いじめられた児童生徒の立場に立って行うものとする。<u>「いじめ」とは，「当該児童生徒が，一定の人間関係にある者から，心理的，物理的な攻撃を受けたことにより，精神的な苦痛を感じているもの。」とする。</u>なお，起こった場所は学校の内外を問わない。

平成25年度からの定義（いじめ防止対策推進法の施行に伴う）
　<u>「いじめ」とは，「児童生徒に対して，当該児童生徒が在籍する学校に在籍している等当該児童生徒と一定の人的関係のある他の児童生徒が行う心理的又は物理的な影響を与える行為（インターネットを通じて行われるものを含む）であって，当該行為の対象となった児童生徒が心身の苦痛を感じているもの」とする。</u>なお，起こった場所は学校内外を問わない。

　「いじめ」の中には犯罪行為として取り扱われるべきと認められ，早期に警察に相談することが重要なものや，児童生徒の生命，身体又は財産に重大な被害が生じるような，直ちに警察に通報することが必要なものが含まれる。これらについては，教育的な配慮や被害者の意向への配慮のうえで，早期に警察に相談・通報の上，警察と連携した対応を取ることが必要である。

やめることができないといった児童生徒がいるのも事実である。実際のところ，いじめが減少しているとは言い難い。むしろ増加しており，平成28年度の文部科学省の調査によると，小・中・高等学校・特別支援学校のいじめの認知件数は323,808件で前年度より98,676件増加し，いじめ防止法第28条1項に規定する重大事件の発生件数は400件で前年度より86件増加している（文部科学省，2017a）。また，2006年から加わった「コンピュータや携帯電話等で誹謗・中傷や嫌なことをされる」という項目の認知件数は，小学校2,683件（1.1%），中学校5,723件（8.0%），高等学校2,176件（17.4%），特別支援学校138件（8.1%）で，いじめ全体の中で示す割合は高等学校が一番多く，被害者と加害者の低年齢化の状況もうかがえる。本来いじめは，大人が気づかないところでされるものであるため，ネットではよりいっそう見えない，把握できない状況にあり，この認知件数は氷山の一角であると考えられる。そのため，いじめが一定程度，継続的に起こっている学校教育現場においては，教員だけでなく児童生徒の対処

の仕方も重要になってくる。

　このいじめの発見のきっかけについては，「アンケート調査など学校の取り組み」（51.5％）が一番多く，次いで，「本人からの訴え」（18.1％），「当該児童生徒（本人）の保護者からの訴え」（10.6％）となっている（文部科学省，2017a）。「学級担任が発見」（11.6％），「児童生徒（本人を除く）からの情報」（3.3％）の実態もあるが，いじめの発見は学級担任だけで行うことは困難な状況にあることが推測される。このことからも，いじめが起きたときの対応はもちろんであるが，それ以上に，児童生徒に対する予防教育や教員のいじめへの対応力の向上，校内の支援体制の整備は非常に重要な今後の課題といえるだろう。

　これに対して学校における日常の取り組みとして，「職員会議等を通じていじめ問題について教員間の共通理解を図った」（96.3％），「いじめの問題に関する校内研修会を実施した」（76.0％）がすでにいじめの発見や防止のために行われている。特筆すべきは，学校教育活動を通して，「道徳や学級活動の時間にいじめに関わる問題を取り上げた」（88.6％）といったように，すでに多くの学校で取り組んでいることである。加えて，「児童・生徒会活動を通じていじめの問題を考えさせたり，児童・生徒同士の人間関係や仲間づくりを促進したりした」（74.0％），といったさまざまな取り組みがなされている。しかし，「いじめられている人の気持ちを考えよう」というような指導を，道徳の時間や学級会，ロングホームルーム等で児童生徒に取り組ませる活動をはじめ，いじめに対するさまざまな取り組みを行っている状況にもかかわらず，いじめはなかなかなくならない状況にある。だからこそ，SNSなどネット上と対面上の両方が複雑に入り混じったコミュニケーションによって対人関係が構築されている児童生徒の実態を把握し，理論に基づいて発達段階にあわせた情報モラル教育が行われることが重要になってくると考えられる。

　つまりは，理論と実践を往環した支援をするために教員研修の充実化にともなう教員のスキルアップと校内の支援体制が求められるといえる。

3節 情報モラル教育の充実化

(1)「情報モラル」とは

　ここで,「情報モラル」についておさえておく。情報モラルとは,情報社会に参画する態度の重要な柱とされている。「情報社会で適正に活動するための基となる考え方や態度」(小学校,中学校,高等学校及び特別支援学校の学習指導要領解説総則編及び道徳編)とされ,「(前略)情報モラル等を扱うことによって育成する『情報社会に参画する態度』は,『豊かな人間性』の部分に密接に関係しており『生きる力』の育成のうえでも,情報教育が非常に重要な役割を担っている」と示された(文部科学省,2010)。同時に,すべての学校教育活動の中で繰り返し指導する,さらには,社会の一員として適正に活動していくために既存のルールやマナーを理解することに加えて,新たな場面に対応しても新しいルールやマナーの在り方などを考えていくことができる力を養う必要性が指摘されている。そのため,情報モラルは,日々の活動を行うための基になる考え方と態度になる。だからこそ,日常生活のモラルに加えて,コンピュータや情報通信ネットワークなどの情報技術の特性と,情報技術の利用による文化的・社会的なコミュニケーションの範囲や深度などが変化する特性をふまえて,より適正な活動を行うための考え方と態度の育成がめざされるなか,コミュニケーション力の育成がよりいっそう重要になるであろう。

(2)「情報モラル教育」の充実化への転換

　2009年の学習指導要領の改訂の一つに「情報モラル教育」が盛り込まれ,同時に,各教科の授業では,児童生徒の能動的な学修への参加を取り入れた教授・学習の転換が求められた。児童生徒が能動的に学習するということは,認知的,倫理的,社会的能力,知識,経験を含めた汎用的能力の育成を図ることができ,さらには,発見学習,問題解決学習,体験学習,調査学習等といった学習の展開や教室内でのグループ・ディスカッション,ディベート,グルー

プ・ワーク等にも有効な学習活動へ転換が可能となる（原田，2015）。このような学習活動の中で情報モラルを身につけ，さらには，小学校・中学校では「道徳」の教科化，高等学校では教科「情報」，「新選択科目『倫理（仮称）』」（文部科学省，2016）の時間において情報モラルが取り扱われることが記されている。

　なかでも，2018年から小中学校で全面実施となる「特別の教科　道徳」の充実では，いじめの防止に向けた対応が重要であるとし，当時の文部科学大臣松野博一氏が，いじめに正面から向き合う「考えて議論する道徳」への転換メッセージを通達した。それと同時に，「道徳の質的転換によるいじめの防止に向けて」（文部科学省，2017b）が提言されている（図2-1）。

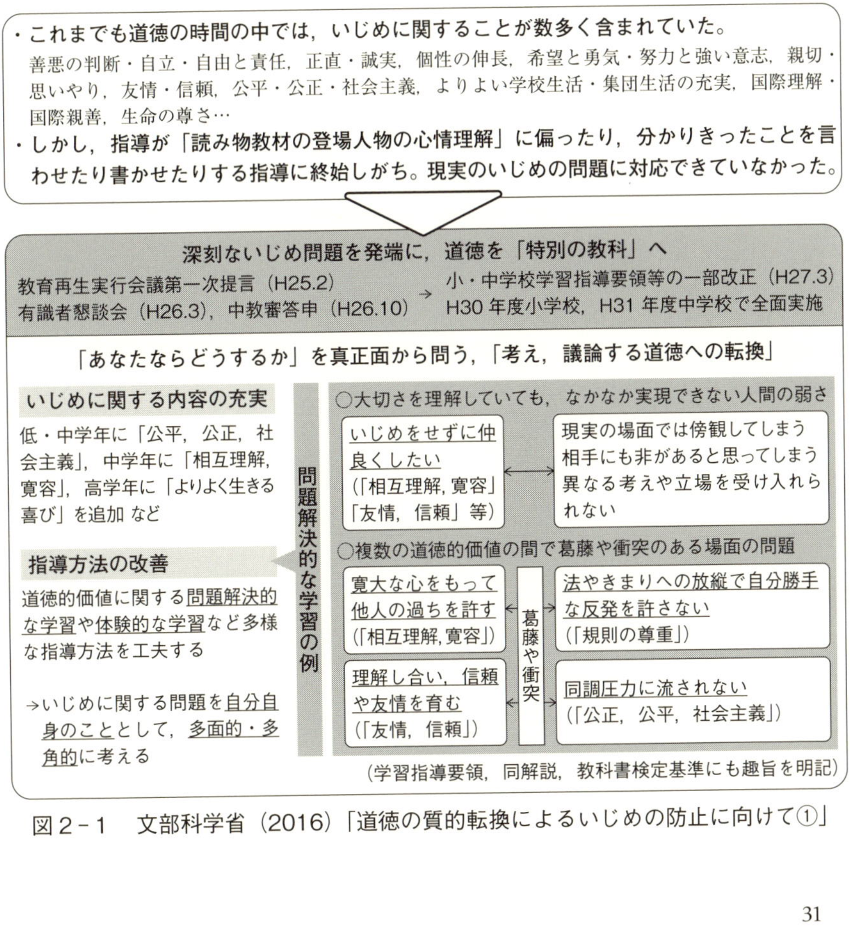

・**これまでも道徳の時間の中では，いじめに関することが数多く含まれていた。**
善悪の判断・自立・自由と責任，正直・誠実，個性の伸長，希望と勇気・努力と強い意志，親切・思いやり，友情・信頼，公平・公正・社会主義，よりよい学校生活・集団生活の充実，国際理解・国際親善，生命の尊さ…
・**しかし，指導が「読み物教材の登場人物の心情理解」に偏ったり，分かりきったことを言わせたり書かせたりする指導に終始しがち。現実のいじめの問題に対応できていなかった。**

深刻ないじめ問題を発端に，道徳を「特別の教科」へ

教育再生実行会議第一次提言（H25.2）　　　　→ 小・中学校学習指導要領等の一部改正（H27.3）
有識者懇談会（H26.3），中教審答申（H26.10）　H30年度小学校，H31年度中学校で全面実施

「あなたならどうするか」を真正面から問う，「考え，議論する道徳への転換」

いじめに関する内容の充実

低・中学年に「公平，公正，社会主義」，中学年に「相互理解，寛容」，高学年に「よりよく生きる喜び」を追加 など

指導方法の改善

道徳的価値に関する問題解決的な学習や体験的な学習など多様な指導方法を工夫する

→いじめに関する問題を<u>自分自身のこととして</u>，<u>多面的・多角的に考える</u>

問題解決的な学習の例

○大切さを理解していても，なかなか実現できない人間の弱さ

いじめをせずに仲良くしたい（「相互理解，寛容」「友情，信頼」等）　⟷　現実の場面では傍観してしまう　相手にも非があると思ってしまう　異なる考えや立場を受け入れられない

○複数の道徳的価値の間で葛藤や衝突のある場面の問題

寛大な心をもって他人の過ちを許す（「相互理解，寛容」）　葛藤や衝突　法やきまりへの放縦で自分勝手な反発を許さない（「規則の尊重」）

理解し合い，信頼や友情を育む（「友情，信頼」）　同調圧力に流されない（「公正，公平，社会主義」）

（学習指導要領，同解説，教科書検定基準にも趣旨を明記）

図2-1　文部科学省（2016）「道徳の質的転換によるいじめの防止に向けて①」

表2-2　具体例

・どのようなことが，いじめになるのか。
・なぜ，いじめが起きるのか。
・なぜ，いじめはしてはいけないのか。
・なぜ，いじめはいけないと分かっていても，止められなかったりするのか。
・どうやって，いじめを防ぐこと，解決することができるのか。
・いじめにより生じた結果について，どのような責任を負わなくてはならないのか。

　そのなかで情報モラル教育は，知識として学ぶだけでなく実際の行動に結びつけるために，自らが考え判断し，行動することが大事であるとされた（文部科学省，2017c）。そして，メッセージの中で，いじめやいじめにつながる問題場面に対する問いの具体例が示された（表2-2）。児童生徒が自分ならどうするかといじめを真正面から自分のこととして考え，特定の見方に偏らないよう他者と議論し，多面的・多角的に考えさせて学ばせることが大切であるとしている。こうした学びは，いじめという問題だけではなく，道徳教育の目標である「自己の生き方を考え，主体的な判断の下に行動し，自立した人間として他者と共によりよく生きるための基盤となる道徳性を養う」ことそのものにつながり，人権教育の観点からも介入することだけでなく，「生きる力」にもつながってくる。そのため，教員が生徒や学級の状態をアセスメントし，ねらいに応じた教材と適切な問い（中心発問）を選定するだけでなく，発達段階や道徳性の発達の理論を理解しつつ，教授方法を工夫することなどが求められる。

　そして，日常生活の中で実践することを通して確実に身につけることが求められる。当然，家庭の協力も必要なことは言うまでもない。とりわけ，今日的な課題として取り上げられている LINE 等の SNS でのトラブルやいじめは，自己肯定感や自尊心の獲得，他者への思いやりを育み，自他の生命を尊重し，規範意識や責任感を高め，豊かな人間関係を築くことを目標とする「道徳」と重なる部分が多い。いじめの体験は，被害者・加害者のその後の心身の健康に影響するだけでなく，傍観者のいじめ介入の有無による学級経営や学級の雰囲気，対人関係などにも影響があるため，学校教育活動全体を通して，継続的に取り組むことが重要になってくる。

（３）学校内外の教育活動全体で行われる情報モラル教育

１）情報モラル教育と人権教育

　道徳教育をするうえで，人権は基礎となる重要な概念である。人権教育で培われる人権意識は道徳教育の基礎でもあり，道徳教育で育まれる道徳性は人権教育の基礎ともなる。その人権教育は，「人権尊重の精神の涵養を目的とする教育活動」（人権教育及び人権啓発の推進に関する法律第２条）とされている。そのため，情報モラル教育のいじめ対策においても，人権教育に共通で必要とされる道徳性を育むことがねらいとなり，道徳教育における人権に関する教材の留意事項も表２-３のように明文化されている（文部科学省，2017c）。

　これについては，文部科学省（2013b）の「いじめ防止などのための基本的方針」で示された，インターネットや携帯電話を利用したいじめへの対応でも情報モラル教育への期待として読み取ることができる（表２-４）。

表２-３　道徳教育における人権に関する教材の留意事項

小・中学校学習指導要領「第３章　特別の教科　道徳」
「第３指導計画の作成と内容の取扱い」の３（２）
イ　人間尊重の精神にかなうものであって，悩みや葛藤等の心の揺れ，人間関係の理解等の課題も含め，生徒が深く考えることができ，人間としてよりよく生きる喜びや勇気を与えられるものであること。

表２-４　インターネットや携帯電話を利用したいじめへの対応（文部科学省，2013b）

児童生徒に情報モラルを身に付けさせる指導の充実を図る。インターネット上のいじめは，外部から見えにくい・匿名性が高いなどの性質を有するために児童生徒が行動に移しやすい一方で，一度インターネット上に拡散してしまったいじめに係る画像，動画等の情報を消去することは極めて困難であること，一つの行為がいじめの被害者にとどまらず学校，家庭及び地域社会に多大な被害を与える可能性があることなど，深刻な影響を及ぼすものである。また，インターネット上のいじめは，刑法上の名誉毀損罪や侮辱罪，民事上の損害賠償請求の対象となり得る。学校設置者及び学校は，児童生徒に対して，インターネット上のいじめが重大な人権侵害に当たり，被害者等に深刻な傷を与えかねない行為であることを理解させる取組を行う。

2）情報モラル教育と道徳教育

　児童生徒の発達段階に応じて，自分の大切さとともに，他人の大切さを認めることができよう，さまざまな場面で具体的な態度や行動に現れるようにするため学校教育活動全体を通して道徳教育の取組が推進されている。加えて，「指導に際して具体的にどのような問題を扱うかについては各学校において検討していく必要があるが，たとえば，思いやり，感謝や礼儀にかかわる指導の際に，インターネット上の書き込みのすれ違いなどについて触れたり，遵法精神，公徳心にかかわる指導の際に，インターネット上のルールや著作権など法やきまりに触れたりすることが考えられる。また，情報機器を使用する際には，使い方によっては相手を傷つけるなど，人間関係に負の影響を及ぼすこともあるため，指導上の配慮を行う必要がある」（文部科学省，2015）とされている。さらに，指導の工夫として，情報モラルにかかわる題材を生かして話し合いを深めたり，コンピュータによる疑似体験を授業の一部に取り入れたりするなど，創意ある多様な工夫が生み出されることが期待されている。具体的には，たとえば，相手の顔が見えないメールと顔を合わせての会話との違いを理解しメールなどが相手に与える影響について考えるなど，インターネット等に起因する心のすれ違いなどを題材とした思いやり，感謝や礼儀にかかわる指導が考えられる。また，インターネット上の法やきまりを守れずに引き起こされた出来事などを題材として規則の尊重にかかわる授業を進めることも考えられる。その際，問題の根底にある他者への共感や思いやり，法やきまりのもつ意味などについて，生徒が考えを深めることができるようにすることが重要になる。なお，道徳科は，道徳的価値の理解を基に自己を見つめる時間であるとの特質をふまえ，「たとえば，情報機器の使い方やインターネットの操作，危機回避の方法やその際の行動の具体的な練習を行うことにその主眼をおくのではないことに留意する必要がある」とされている。

　児童生徒がいじめの問題を自分事としてとらえ，考え，議論することでいじめに正面から向き合わせることができるような道徳教育を教員ができるよう，指導力の向上の推進を図ることが求められる。同時に，道徳教育推進教師のマネージメント力が重要になるであろう。各学校の地域や生徒の実態に応じた情報モラル教育を推進するためには，教材作成やその工夫，外部講師の活用など

2章　学校における情報モラル教育

表2-5　中学校学習指導要領における情報モラル教育

第3章　特別の教科　道徳
第3　指導計画の作成と内容の取扱い2（6）
生徒の発達の段階や特性等を考慮し，第2に示す内容との関連を踏まえつつ，情報モラルに関する指導を充実すること。また，例えば，科学技術の発展と生命倫理との関係や社会との持続可能な発展などの現代的な課題の取り扱いにも留意し，身近な社会的課題を自分との関係において考え，その解決に向けて取り組もうとする意欲や態度を育てるよう努めること。なお，多様な見方や考え方に偏った指導を行うことのないようにすること。

地域との連携による取組を行うことも重要である。これについては，中学校学習指導要領「第3章特別の教科道徳」の「第3指導計画の作成と内容の取扱い」の2（6）で，道徳における情報モラルの指導における配慮事項があげられている（文部科学省，2017d）（表2-5）。

3）情報モラル教育と教育相談

　個別対応に重点が置かれていた教育相談は，これからは集団と個のどちらをも対象にした予防・開発的教育の観点からプログラムを行うことが重要になり，そのためには，学校組織体制の構築が重要になってくる（文部科学省，2017e）。同時に，校内の生徒指導・教育相談担当教員，道徳教育推進教師，特別支援教育コーディネーター，心理の専門家であるスクールカウンセラー以外に学外の専門家等の関係者がチームとなって実施計画・アセスメント・研修・実践と評価（検証）を行うことが必要である。とくに，スクールカウンセラーは心理発達の観点からコンサルテーションができる必要があり，アセスメントと心理教育の選択，プログラム開発や教材の工夫，個別支援やTTによる授業支援など多岐にわたって専門性を発揮した支援をするといった重要な役割を担っている。

4）情報モラル教育と家庭・学校・地域社会

　道徳教育の推進には，学校と家庭や地域との連携・協力は不可欠である。しかし，「学校いじめ防止基本方針をホームページに公表するなど保護者や地域住民に周知し理解を得るよう努めた」（73.7％）という取組に対して，「PTA

など地域の関係団体等とともに，いじめの問題について協議する機会を設けた」（41.5％）が低い傾向にあり，今後の課題とされている（文部科学省，2017c）。道徳や人権における情報モラル教育では，家庭における保護者の果たすべき役割がきわめて大きい。そのため，先述の課題に加え，地域の人も参加できる授業の工夫や情報モラル教育への理解と知識，情報の提供といった講演会や保護者会などの取組を通して，家庭や地域との連携を強化することが効果的な教育につながることになるであろう。

（4）情報モラル教育におけるコミュニケーション力の重要性

　情報モラル教育を整理すると，日常生活のモラルの育成と情報モラルの育成では重複する部分が多く（たとえば，従来，道徳で指導してきた「人にあたたかい心で接し親切にする」「友達と仲よくして助け合う」「他の人とのかかわり方を大切にする」は，「自分の情報や他人の情報を大切にする」「相手への影響を考えて行動する」「自他の個人情報を，第三者にもらさない」など），コミュニケーション力の育成が非常に重要であることがわかる。最近では，ネット上のコミュニケーションに傾倒し，対面上の対人関係のコミュニケーションが不得意で苦手，ネット上の特性である匿名性により誹謗中傷の言葉や表現が引き出されてトラブルに巻き込まれる，あるいは，引き起こしてしまうといった児童生徒もいる。このような状況を予防・抑制するためには，ネット上のコミュニケーションだけを切り離して教えるのではなく，対面上のコミュニケーションと両方をバランスよく獲得することが重要である。そして，普段の生活から相手を思いやることが非常に重要になる。これについては，日常生活で相手を思いやることができると，ネット上でも同じような行動をすることができるとされているからである（大貫・鈴木，2007）。たしかに，対面上とネットワーク上のコミュニケーションの表現や特性は異なる部分はあるが，他者の立場に立って相手を思いやる行動をすることを軸としたコミュニケーションは共通である。そのため，相手を思いやるということはいじめやトラブルの抑制のカギとなる。つまりは，学校教育活動において，コミュニケーションを育むことを通して良好な仲間関係の中で，児童生徒自身が判断して行動ができるように援

助することが重要になってくるのである。

さいごに

　本章では，学習指導要領における「カリキュラム・マネジメント」「情報モラル教育の背景とその充実化」をまとめたが，情報モラル教育を実施するためには，これらの内容を教職員が理解し，年間指導計画に基づいて授業設計する必要がある。そのためには，学習指導要領の通読，情報モラル教育のための授業計画を教職員が共有する機会や校内研修を設定しつつ，管理職や道徳教育推進教師，中心となる教員（たとえば，学年主任，教育相談係など）が，学校教育目標や運営に配慮しながら児童生徒の実態に応じて検討することが求められる。

　このときに必要であれば，外部の専門機関や民間団体の講演会などを活用することも一つの方法になる。そのようにして，その学校や児童生徒の特性や実態にあった情報モラル教育を実施することが求められる。今後はこの観点からの事例検討等，教育効果の検討が期待される。

引用文献

原田恵理子（2015）．情報モラル教育の必要性と教育方法　原田恵理子・森山賢一（編）ICT を活用した新しい学校教育　北樹出版　pp. 106-120.

文部科学省（2010）．教育の情報科に関する手引き　http://www.mext.go.jp/component/a_menu/education/detail/__icsFiles/afieldfile/2010/12/13/1259416_10.pdf

文部科学省（2013a）．いじめ対策推進法公布について（通知）　http://www.mext.go.jp/a_menu/shotou/seitoshidou/1337219.htm

文部科学省（2013b）．いじめ防止等のための基本的な方針　http://www.mext.go.jp/component/a_menu/education/detail/__icsFiles/afieldfile/2017/04/05/1304156_02_2.pdf

文部科学省（2015）．中学校学習指導要領解説　特別の教科　道徳編

文部科学省（2016）．『倫理（仮称）』の改訂の方向性（案）　教職課程部会　高等学校の地理・公民科科目の在り方に関する特別チーム　資料.

文部科学省（2017a）．平成28年度「児童生徒の問題行動・不登校等生徒指導上の諸課題に関する調査」結果（速報値）について　http://www.mext.go.jp/b_menu/houdou/29/10/1397646.htm

文部科学省（2017b）．幼稚園教育要領，小・中学校学習指導要領等の改訂のポイント　http://www.mext.go.jp/a_menu/shotou/new-cs/__icsFiles/afieldfile/2017/06/16/

1384662_2.pdf

文部科学省（2017c）．いじめに正面から向き合う「考え，議論する道徳」への転換に向けて（文部科学大臣メッセージ）について（平成28年11月18日）　http://www.mext.go.jp/b_menu/houdou/28/11/1379623.htm

文部科学省（2017d）．中学校学習指導要領解説　特別の教科　道徳編

文部科学省（2017e）．児童生徒の教育相談の充実について（通知）（平成29年2月3日）

宮川正文・竹内和雄・青山郁子・戸田有一（2013）．ネット問題とネット相談掲示板実践　〈教育と社会〉研究, *23*, 41-52.

長崎県教育委員会（2004）．佐世保市立大久保小学校児童殺傷事件調査報告書（最終報告）　http://reonreon.com/houkoku.pdf

大貫和則・鈴木佳苗（2008）．高校生のケータイメール利用時に重視される社会的スキル　日本教育工学会論文誌, *31*, 189-192.

3章
道徳性の発達とネット社会に求められる教育

渡辺弥生

はじめに

　道徳性の発達には，大きく3つの切り口がある。一つめは罪悪感や恥といった道徳的な感情や気持ちがどのように発達するかという視点である。二つめは，道徳的な思考や判断がどのように育まれるかという切り口である。そして，三つめは，道徳的な行動がどのように獲得できるのかという視点である。たとえば，電車の中でつらそうに立っている人を見たときに，「かわいそうだな」という気持ちを抱けるかどうか，次に優先席の前に立っている高齢の方に席を譲るべきだという判断ができるかどうか，そして，「どうぞこちらへ」と席を立つ行動を示すことができるかどうか，といったように3つの側面から考えられる。こうした3つの観点が互いに関連し合って成熟するにつれ，共感し，道徳的な思考が可能になり，実際に思いやりのある行動のできる人が育つと考えられる。

1節　道徳的な感情を培うために

　道徳的な感情というと，たとえば，罪悪感とか共感があげられる。何か悪いことをしてしまったときにウシロメタイという気持ちを抱くことは，私たちが道徳的にふるまう努力をするうえで大切なことである。同時に，困っている人

のことを自分のことのように共感できるのかは，援助の手を差し伸べる行動を喚起する前提として大事なことである。

　こうした気持ちがどのように発達するかについては，いまだ明らかになっていないことも多いが，ここではホフマンの研究を紹介しよう。ホフマン（Hoffman, 1984）は，共感は単純な感情や気持ちではなく，思考や知識といった認知的な要因を含むと考えている。まず○歳の時には泣いているほかの赤ちゃんをみて，漠然とした共感的な苦しみの反応を起こす。生後11か月の子どもでもほかの子がころんで泣いているのをみると自分も今にも泣き出しそうになり，自分の母親の膝に頭を埋めるといった，自分がころんだときと同じ行動をとったりする。それがしだいに，自分と他人の存在の区別がつくようになり，他人に起きていることと自分に起きていることが違うことを理解するようになる。そのため，泣いてころんでいる子どものところに，自分の母親を連れて行ったりする。本来はその子の母親を連れて行くことが適切な行動であり，その点は未熟であるが，共感的な反応ができることが確認されている。その後，感情の言葉が獲得され，かわいそうだとか，ごめんなさいとか，「……しちゃった」といった過失の気持ちや共感的な反応が多く見られるようになる。こうした共感性の発達は，他人の表情の理解，相手の立場を理解する力（役割取得），同じ感情を共有する，など3つに区別して考えられることもある。

　ホフマンは，罪悪感についても，自分が他人を傷つけたことに気がつき，自分自身についてもつ悪い感情であり，共感とともに発達すると考えている。こうした発達は，周囲の大人が誘導的にしつけることによって育てられると指摘されている。すなわち，力によるしつけではなく，「○○が……しているから，泣いているのね」といった子どもにものごとの成り立ちや対人関係を説明していくしつけである。すぐには理解することが難しくても，説明を繰り返すあたたかいしつけが，子どもの心の中に罪悪感や共感などの気持ちを内在化させると考えられる。

2節　モラルについての思考を育てるには
――認知発達理論から

（1）規則についての理解

　赤信号では止まらなくてはならない，人をたたいてはだめだ，ここでは物を食べてはならない，など毎日の生活にはいろいろな決まりやルールがある。こうしたルールが世の中に存在することや，それに従わなければならないといった知識は，いったいどうやって育まれるのだろう。

　人間は，年齢とともにモノやコトについてのさまざまな知識を獲得していく。こうした知識をどのように理解し，いつ獲得していくのか，これについてはピアジェが興味深い研究を行っている（Piaget, 1932）。子どもたちの観察を通して，生まれて2，3年くらいまでは規則が存在することについて理解していないと指摘している。遊びのなかで，いろいろなモノを使い，多くの友だちと遊ぶなかで3歳ぐらいになると「順番こ」といったルールを理解できるようになる。この頃の子どもと遊んでみるとよくわかるが，同じことを何度も繰り返して遊ぶことが多い。何度も同じことを繰り返して見える子どもの遊びであるが，実はこうした繰り返しのなかで，モノやコトの性質や動きから多くのことを学んでいると考えられる。つまり，ものの因果関係や時系列の動き，法則性に気がついていくのである。

　子どもは遊びを通して，外の世界に働きかけている。そのなかで，多くの知識を獲得し，「これは○○だ」といった理解をしていく。ところが，さまざまな状況を経験し，今までもっている知識では理解できないことにも遭遇する。こういうときに，今までの知識やイメージというような「シェマ」をうまく同化（自分の枠組みに外界のことを取り入れること）したり，調節（自分の認識を変えて外界にあわせること）したりなどして，新しいシェマを再構成し理解を高めていくと考えられている。自分が理解できないことに遭遇すると，子どもはジレンマや葛藤を経験する。心が不均衡な状況となり，なんとかバランスをとろうと先のように同化と調節を繰り返す。このプロセスは均衡化とよばれ

41

ている。

　このようにして子どもがモノやコト，また人についてさまざまな規則性の存在を理解するのは，子ども自身による学びだけではない。親は子どものこうした発達のプロセスを支援するさまざまな社会化の役割を担っている。朝がきたら，部屋のカーテンを開けて「朝だよ」と告げる。昼がくればお日様がまぶしいね，ご飯にしようかとお昼を伝える。夜は暗くなったねと家に戻らせるというように，地球の森羅万象のルールを意識的にせよ，無意識にせよ，教えているのである。

　こうして子どもたちは幼児期を経て，次第に規則が絶対不可侵のものであり，守らなければならないものだと強く思うようになる。小学校低学年のホームルームではまさに規則を破った友だちの話などで盛りあがる。大人に対する一方的な尊敬の念が増し，大人のいうルールを固く守るようになるのである。

　この頃までは，たとえば親の手伝いをしようとして置いてあることに気づかずにはずみでコップをたくさん割ってしまった子どもと，勝手に食べてはならないケーキを食べようとしてそばにあったコップを1個割った子どもとでは，前者のコップをたくさん割った子どもを悪いと判断するところがある。これは何個割ったかといった客観的知識に基づいて判断するところが強いためである。それが7，8歳になると，手伝おうとしたとか，知らなかったとか，故意にといった動機や意欲の情報を勘案して主観的な情報をもとに善悪の判断をするようになる。また，規則は他人から与えられたように思っていたのが，しだいに，自分たちで決められるものであり，仲間との合意で変えることができるものだという理解となり，自律的な道徳判断ができるようになると考えられる。

（2）自己中心性からの脱中心化

　こうした道徳性の獲得とともに，しだいに自己中心的に考えていたことが他人の視点にたって考えられるようになる。これは脱中心化とよばれる。「役割取得」といわれる他者の視点を取り入れられるようになることである。

　たとえば，他人の気持ちを理解するのも，小学校低学年では「友だちが笑っていればうれしいと思っている」という理解をしがちである。そのため，本当

3章　道徳性の発達とネット社会に求められる教育

は悲しいのに無理に笑っているといった複雑な気持ちを推し量るのは難しい。ところが，小学校中学年になると，友だちは，ボクが友だちのことを大好きだと思っているということを想像しているだろうとか，友だちもボクが友だちのことを好きだと思っていると，信じてくれているだろうといった心の吹き出し

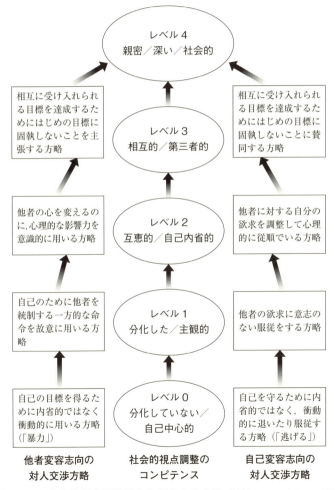

図3-1　社会的視点調整能力と対人交渉方略（渡辺，2011；Selman, 2003）

をよみあうことができるようになる。高学年になると，親しい関係での気持ちの想像だけでなく，別のクラスの子どもや，地理や歴史で学んだ会ったことのない人たちの気持ちを，第三者の視点から情報を頼りに想像することができるようになる。

　海外に行きその土地で手にいれることができる世界地図をみると，驚くときがある。どこの国も自国が地図の真ん中におかれているので，たとえば，オーストラリアが真ん中の地図を買うと，「あれっ，日本はどこだろう」ということになる。どうしても自分が世界の真ん中にいるような思考を大人でもしがちであることに気づかせられる。道徳性が発達すると，他人との関係を相対的にみられるような役割取得の能力が獲得されていくのである。こうした他者の視点に立てるようになると行動も変容していく。図3-1のようにセルマンの対人交渉方略の理論では，何かあると自分を変えようとするタイプ（自己変容志向）と他人を変えようとするタイプ（他者変容志向）があるとされる。自己変容志向でも，役割取得能力（図3-1のように社会的視点調整能力という言葉が使われるときもある）が高まると，面倒なことがあると逃げるという行動をとっていたのが，しだいに逃げなくなり従順になる。やがては意見も表明し妥協することができるようになる。他方で他人を変えようとする他者変容志向の人も，役割取得能力が高まると暴力から脅し，さらに説得するという行動をとるようになる。そしていずれのタイプもやがては話し合いの行動をとれるようになると考えられる。

（3）公正さの概念の獲得

　こうした自己中心的思考がなくなり，ほかの人の気持ちを考えられるようになると，「ずるい」「不公平だ」という判断の根拠が変わってくる。人間はすぐに他人と比べて，相手がずるいとか，自分だけ得をしようといった判断をしがちである。渡辺（1986）は表3-1のような公正観の発達段階を見出している。

　幼いときは，おやつでも遊具でも自分だけたくさんとろうとしたり使おうとしたりする。注意されてようやく泣きながら分けたり，無理やり「どうぞ」と言わされるなどの体験をしながら，しだいに自分の幼さを恥じたり，悪いとい

3章　道徳性の発達とネット社会に求められる教育

表3-1　公正概念の発達段階（渡辺，1986より引用　Damon, 1975, 1977を基に作成）

段階	概　要
0-A	行動を起こしたいという欲求から選択。理由を正当化しようという意図はなく，ただ欲求を主張することのみ（例："それを使いたいから得たい"）。
0-B	依然，欲求中心だが，外見的特徴や性などに基づいて理由づけするようになる（例："女の子だからいちばんたくさん欲しい"）。目的は変わりやすく，自分を有利にする傾向がある。
1-A	厳密な平等性の概念からなる（例："みんな同じだけもらうべき"）。平等はけんかや葛藤を避けるものとして考えられる。一方的で柔軟性に欠ける。
1-B	行動の互恵的概念からなる。人は善・悪に対してお返しを受けるべきだと考える。メリットや功績の概念が現れるが，まだ一方的で柔軟性に欠ける。
2-A	さまざまな人が存在しているが，人間的価値は等しいということが理解されている。ただ選択理由は主張（競争）を避け，量的に妥協しようとする（例："彼はいちばん多く，彼女は少し"）。
2-B	互恵，平等，公平の真の意味を考える。さまざまな人の主張や状況の特殊性を理解する。したがって，場面により判断理由は変わる。基本的にはだれもが当然，分け前をもらうべきだという考え方。

うことに気がついてくるのである。そのため，ずるいという判断の基準も変化してくる。

　幼児期から小学校2年生くらいまでは，自分になんとか多く配分しようとする利己的な思考が強いが，しだいに数が同じであればけんかしなくてすむという考えを強くもち，絶対的な均等を良いと考えるようになる。ところが，小学校中学年以降になると，それぞれの貢献度や能力，努力について考慮するようになり，貢献度や能力，努力に応じてモノを分けようとする公平分配を行うようになる。学校で，努力した人や能力のある人に1番や金賞が与えられるといった教育的指導もこうした考えに影響しているかもしれない。この頃の子どもは，能力や努力できるさまざまな領域があり，それぞれの分野でがんばる仲間や自分を讃えることができるようになることも，こうした判断への受容を促すのかもしれない。他人をつねに自分と比較して嫉妬したりうらやんだりというよりは，自分も特異な領域を見出し切磋琢磨すればよいという考え方をもてるようになる。その結果，互いの存在に敬意を払い，状況や必要性などを考慮して公正な行動を判断できるようになる。

45

（4）道徳的な推論の重要性

　このようにして，子どもはしだいにさまざまな価値観を獲得するようになる。学校に遅刻してはいけないと思っていても，途中で友だちの猫が木の上から降りられない状況に出くわすと，とたんに迷うことになる。学校の規則か，友だちへの思いやりかといった価値と価値が葛藤する場面を経験するようになるのである。

　児童期から青年期にかけての役割取得について関心をもち，こうした道徳的な認識がどのように構成されているかをコールバーグ（Kohlberg, 1971）はインタヴューによって明らかにしようとした。有名な「ハインツのジレンマ」と呼ばれるストーリーをもとに，主人公が病気の妻のために薬を盗むべきか盗むべきではないか，という判断を求めその理由を考えさせたのである。その結果，表3-2のような6つの発達段階に分かれることが明らかにされている。

　コールバーグは，判断自体よりもむしろなぜそう考えるかということが道徳性の発達にとって重要なことを主張している。すなわち，幼い年齢でも盗むべきだと考えるものもいれば盗むべきでないと判断するものもいる。ただし，刑務所は嫌だから盗むべきでないという低いレベルの判断理由もあれば，法律を犯すことは悪いことだから盗むべきではないという社会の秩序を考慮した理由を述べるものもいる。どちらが優れた判断か自明であるように，判断理由の推

表3-2　コールバーグによる道徳性の発達段階
（荒木，1988を基に加筆作成）

Ⅰ. 前慣習的水準
段階1　罰と従順志向（他律的な道徳）
段階2　道具的相対主義（素朴な自己本位）志向
Ⅱ. 慣習的水準
段階3　他者への同調，あるいは「よい子」志向
段階4　法と秩序志向
Ⅲ. 慣習以降の自律的，原則的水準
段階5　社会的契約，法律尊重，および個人の権利思考
段階6　普遍的な倫理的原則（良心または原理への）志向

論の大切さが指摘されたのである。

　表3-2のように，社会の法律や秩序について考えられる以前の前慣習水準と，社会や秩序について考える慣習水準と，こうした規則や秩序は人が考えたものであるからさらに倫理的な原則を考えて行こうとした後慣習水準の存在とともに，各水準に2段階あることが明らかにされている。

(5) 道徳か慣習か，はたまた個人の問題か

　こうしたコールバーグの考えのほかに，そもそも道徳と社会的慣習と個人の決めごとは区別すべきだという考えもある。たとえば，「学校では暴力はやめなさい」という注意は良い注意だろうか。暴力はだめだが，これは学校に限定されて禁じられるものではない。そもそも暴力は学校外でもするべきではないのである。このように誰かが決めたわけでもなく，守るべき範囲が特定できず，すべての人の福祉や自由にかかわるようなことは道徳と考えられる。

　これに対して，日本では車は左側通行，アメリカでは右側通行といった社会や文化によって決められているルールがある。こうしたルールは，決めた者や範囲が決まっていることから社会的慣習と考えられ，チュリエル（Turiel, 1983）は道徳と区別すべきだと指摘している。さらに，ウチの家族はいつも門限は11時だというのは，その家族が決めればよい話で，こういったことは個人の規則と考えるべきだというのである。こうした区別をしたうえで，子どもを指導したほうが子どもは混乱しないという考え方をする。すなわち，ここで大切なことは，道徳，社会的慣習，個人の規則と分けて考えるほうが，子どもたちに道徳の理解を深めさせることができると考えられるのである。とくに思春期の子どもたちはなんでもかんでも禁止され自由を奪われていると考え反抗的な態度をとることがしばしばあるが，こうした区別をわかるように説明してやることで，本来のそれぞれの存在や必要性を理解してもらうことが可能になる。

3節　思いやる行動を獲得するために──道徳的行動の獲得

　実際に，目にみえるような思いやりのある行動を獲得できるようにするため

には，どのような教育が必要だろうか。こうした問いに応えるヒントになる理論に，バンデューラ（Bandura, 1969）の発達理論がある。

　まず，幼児のときには，思いやりのある行動ができたとき，「えらいね」「やさしいね」とほめられることが大事である。いい子にはおかしがもらえるなどの，外発的動機付けであっても，良いことがこの社会でのぞまれていること，誇らしげな気持ちを体験することは必要である。逆に，良いことができないときに叱られる，恥やうしろめたさを感じるなどの体験も心に刻まれる。これは，正の強化や負の強化といった理論で説明できるであろう。

　さらに，私たちは，他人の行動を観察して学ぶことができる。これは観察学習とよばれている。お友だちがキチンとお片づけをしているのを見て，自分もお片づけをするように，人の行動に注意を向けて，何をしているかを記憶に保持して実際に自分の身体を通して行い，そのうえで「えらいね」とほめられたとき，こうした行動は他人の行動であったのに自分の行動レパートリーのなかに加えられるようになるのである。こうした他人の行動をモデルにして学習するしくみを説明した理論は社会的学習理論とよばれ，モデリングという言葉で説明されたりする。

　このように獲得された道徳的な行動を自身で実行し，ほめられるといった社会的な強化を受けると自己強化や満足感を得ることができる。こうして自分の行動レパートリーに新しい行動が獲得されていくのである。

　ところが，ときにこうした道徳的な自己調整機能がうまく活性化しない場合

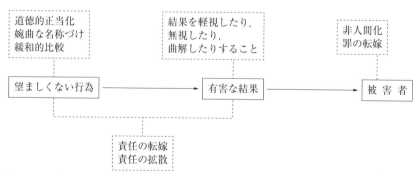

図3-2　自己調整過程における「望ましくない行為」が「自己評価の影響」を受けないようになるメカニズム（Bandura, 1986より）

がある。図3-2のように，自己調整過程において4つの不活性化のメカニズムがある。一つめは，行為の再解釈にかかわるメカニズムで，そのなかには道徳的正当化，婉曲なラベリング，都合良い比較があげられる。二つめは，行為と結果の因果作用の曖昧化にかかわるメカニズムで，責任の転嫁や責任の拡散があり，三つめは結果の無視にかかわるメカニズムで，結果の最小化，無視あるいは歪曲，最後に被害者の価値付けにかかわるメカニズムで，没人間化，非難の帰属が考えられている。

（1）行為の再解釈

　ここでいう正当化は，たとえば，戦争などをたとえにできる。リーダーは，「さあ，戦争をしよう」とか「人を殺めにいこう」といった表現をせずに「平和のためにがんばろう」とか「未来のために正しい行動をしよう」といった煽り方をする。つまり，実際の行動を直視するのを避け，正当化して行動を開始したり持続させたりするのである。婉曲なラベリングは，たとえば，来週の夜8時からアクション番組が始まる！　といった宣伝方法である。一見悪くないように思われるが，アクションというのは実は暴力や攻撃行動のことである。こうした言葉を使わないで婉曲した形をとり，そう悪くはないとはぐらかそうとしていると考えられるのである。援助交際（不純な異性とのつきあい）や適性規模化（実はリストラ）などもこの範疇に入れられる。また，都合のよい比較は，比較対象を自分の有利になるように都合良く選んで自分を正当化することである。ほかにもっとひどいことをやっている人がいるでしょうとばかりに，歴史上の圧政者の名前をひきあいに出して自分を正当化するようなことを指す。

（2）因果作用のあいまい化

　責任の転嫁は，自分が行ったことをほかの人の命令や指示によって行ったといったことで，自分の責任を免れようとする行動である。こうした行動は大人においても無意識に行っている場合も少なくない。たとえば，自分の教育のまずさに帰属したくない気持ちから，この子の性格が悪いと子どものせいにして

しまうことである。

　責任の拡散は，日常生活のなかでよく見受けられる行動である。赤信号みんなで渡ればこわくないといった言葉がかつて注目されたように，一人で信号を待っているときには比較的信号のルールに従っているが，大半がルールを破るのをみると自分もルールを破ってしまうような行動をとりがちである。こういった自分の行為と結果や責任を見ないようにしてしまう行動は，このカテゴリーに含まれる。

（3）結果の無視や歪曲

　他人を傷つけるような行動をしたときなど，自分に非があると考えるのを回避しようとしたり，最小限に考えようとするところがある。その際に，自分の行動とその結果の時間や空間的な距離が離れているほど，結果を歪曲したり最小化したりして考えやすい。たとえば，計画をした人と，実行者の間に細かいたくさんの階層があれば，トップの人間はただ口で話すだけで実際の行動を実行しないことから，罪の意識も薄く，忘却しやすい。すなわち，責任が薄くなるのである。

（4）被害者の位置づけ

　ほかの人への共感などの気持ちは，その他人とのさまざまな類似性を認知することによって影響されると考えられる。相手も同等の人間であるという認識があればできないような非道な行為をしてしまうということは，その状況において被害者を自分と同じような気持ちや価値をもつ存在として位置づけていない状況が想定される。

　没人間化は，戦争のときなどに生じると考えられ，相手を人間とみなさず物理的な対象としてとらえ，非人道的なまた残虐な行動を起こすことである。ほかには，非難の帰属という言葉があるが，たとえば，レイプ事件を起こした犯人が，自分が悪いのにもかかわらず相手がミニスカートをはいていたからとか，相手を非難し責めの原因を帰属するようなことが生じる。こうした場合にも自

己調整が不活性化していると考えられる。

4節　ネット社会での道徳性を磨く予防教育・開発教育

（1）道徳についての理論を知ること

　このように私たちの道徳性の発達にかかわる理論を説明してきた。人間が犯すさまざまな問題や犯罪を防ぎ、人として健やかで互いに幸せに共存していくためには、いったいどうすればよいだろうか。

　この章で提案できるのは、まずこうした人間の道徳性についての理論を学ぶことである。人がどのような原因で、あるいは影響を受けて道徳的な行動をふるまえなくなるかを知ることは、私たちのなかにそう陥らないための努力を促すメリットがある。無知であるがゆえにふるってしまう行動ほど、被害が甚大になることはない。自分の過ちを認めることや、過ちをおかさないようにふるまおうとする自己制御の機能があってこそ、解決にたどり着くことができるのである。

（2）日常生活での遊びの大切さ

　ネット社会を考えたときに、日常生活では子どものときに対面でいろいろな人とかかわることが大切である。まず、自分と同じように発達段階に相応のわがままなレベルにある同級生や、それを諭してくれる目上の人や、もっとわがままで助けが必要な人たちといっぱいかかわることである。こうしたさまざまな欲求をもった人たちと遊んだり、注意されたり、ときにはほめられるといった経験は、私たちの身体に染みつき、公平な考え方を身につける貴重な学びの場になる。

　そのうえで、本やビデオなどの教材で、さまざまな人たちがこの地球に住み、共存していることを想像させることである。いったん具体的な経験のなかで学んだ人間関係の縮図は、ネット社会でつながっている目に見えない人たちの存在をある程度想像する力を育てることができ、アナロジーなどを用いて思考で

きるようになると考えられる。

（3）効果のある教育実践に取り組むこと

　子どもたちにこうした知識を学ばせ，日常生活のさまざまな場面で適切に状況を理解し，その場にふさわしい行動を行わせるのには，やはり教育が必要である。具体的に身につく教育である。その効果をもたらすことのできる予防教育の一つとして，ソーシャルスキルトレーニングを紹介したい。詳細は他著に譲るが，子どもたちに伝えたいことを子どもたちが理解できるように説明すること（インストラクション），子どもたちに良いモデルや悪いモデルをみせて行動のイメージを与えること（モデリング），自分の身体を通して考え実行できる機会を与えること（リハーサル，ロールプレイング），そして，どこが望ましいかどの点を改善すべきかを教え，次の行動への動機づけをあたえること（フィードバック），さらには，いろいろな場面での応用力を身につけること（チャレンジ，ホームワーク）のこの5つの要素を授業の指導案に入れていくことが効果的である（図3-3）。子どもたちに必要なあたたかい言葉かけのスキルや，感情のコントロールといった道徳的な行動や，感じ方，考え方を育てる開発的な教育も期待されるところである。

図3-3　ソーシャルスキルトレーニングの5要素
（渡辺，2018より作成）

（4）ネット世界だからこその留意点

　ネット世界になると見えない不特定多数の他人の存在が多くなる。知り合いの数も多くなり，よく知らない人との関係も増えていく。したがって，昔よりもさらに必要とされる力は，空間的理解，時間的理解，対人的理解，そしてメタ認知能力であろう。つまり，自分の目の前の空間だけの理解だけではなく，一つの行動が，ともすれば世界の果てまで影響を及ぼしてしまう可能性から生じるメリットとリスクに気づく力である。また，メールなどに書かれた文字がどこかで消え去ることなく未来永劫残ってしまうメリットやリスク，さらには，対人関係においても自分の知っている人が，そのまた知っている人に影響を及ぼしていくことを想像し，一つの問題が大きな問題に広がる恐れがあるという危機感をもてることである。

　そして，ここでいうメタ認知とは，自分のこうした影響力や他人からの影響力の大きさについて，俯瞰してみる力のことである。これがないと，さまざまな情報という外的な刺激に翻弄されて，逃げられないこわさからすべてをシャットアウトしてしまいたくなり，不幸な結末を迎えてしまう可能性がある。こうした不幸への引き金をひかないために，むしろ幸せをつかむ方向に舵をきれるように道徳的な力を培う教育こそが，今こそ求められるのである。

引用文献

荒木紀幸（1988）．道徳教育はこうすればおもしろい──コールバーグ理論とその実践　北大路書房

Bandura, A.（1969）. Social learning of moral judgments. *Journal of Personality and Social Psychology, 11*, 275-279.

Bandura, A.（1986）. *Social foundations of thought and action: A social cognitive theory.* Englewood Cliffs, N.J.: Prentice-Hall.

Damon, W.（1975）. Early conceptions of positive justice as related to the development of logical operations. *Child Development, 46*, 301-312.

Damon, W.（1977）. *The social world of the child.* San Francisco: Jossey-Bass.

Hoffman, M. L.（1984）. Empathy, its limitations, and its roles in a comprehensive moral theory. In J. Gerwitz & W. Kurtines（Eds.）, *Morality: Moral development, and moral behavior*. New York: Wiley. pp. 283-302.

Kohlberg, L.（1971）. From is to ought. In T. Mischel（Ed.）, *Cognitive development and epistemology*. New York: Academic Press.

Piaget, J.（1932）. *The moral judgement of the child*（translated by M.Gabain）. New York: Free Press. 大伴　茂（訳）（1957）. 児童道徳判断の発達　同文書院

Selman, R. L.（2003）. *The promotion of social awareness: Powerful lessons from the partnership of developmental theory and classroom practice*. N.Y. Russell: Sage Foundation.

Turiel, E.（1983）. *The development of social knowledge: Morality and convention*. Cambridge, England: Cambridge University Press.

渡辺弥生（1986）. 分配における公正観の発達　教育心理学研究, *34*, 84-90.

渡辺弥生（2011）. 子どもの「10歳の壁」とは何か？――乗り越えるための発達心理学　光文社

渡辺弥生（2018）. ソーシャルスキルトレーニングの"これまで"と"これから"　日本学校心理士会年報　第10号, 25-32.

参考文献

日本道徳性心理学研究会（編著）（1992）. 道徳性心理学――道徳教育のための心理学　北大路書房

渡辺弥生（2013）. 社会的学習理論の考え方　日本発達心理学会（編）発達心理学と隣接領域の理論・方法論　新曜社

◀ エビデンス編 ▶

　本編では，教師や保護者が情報モラル教育を行うとき
に役立つような「心理学のエビデンス（知見）と実践の
ポイント」を紹介している。ネットいじめの理解と介入
のポイント（4章），LINE の特性と子どもの発達をふ
まえた教育（5章），ソーシャルスキルトレーニングを
活用した道徳教育の実践例（6章）である。ここでの知
見を援用することにより，適確な子ども理解に基づいた
教育実践につながることが期待できるであろう。

4章
「ネットいじめ」の特徴
——従来のいじめとの比較から見えてくるもの

西野泰代

はじめに

　「デジタルネイティブ（digital native）」ということばをご存じだろうか。「生まれたとき，または物心がつく頃にはインターネットやパソコンなどが普及していた環境で育った世代。日本における商用インターネットは1990年代半ばより普及したため，おおむねこれ以降に生まれた世代を指す（大辞泉）」と説明されている。現代の子どもたちは皆「デジタルネイティブ」といえよう。

　内閣府による調査（内閣府，2017）では，小学生27.0%，中学生51.7%，高校生94.8%がスマートフォンを利用しており，中高生では1日の中でスマートフォンの平均利用時間が2時間を超え，また，スマートフォン利用の目的として「コミュニケーション」が最も多く挙げられたことが報告された。総務省情報通信政策研究所が実施した中学生のインターネットの利用状況と依存傾向に関する調査では，対象となった中学生全体の80.8%がソーシャルメディアを利用しており，ソーシャルメディアを利用している生徒は，利用していない生徒に比べてネット依存傾向が高く，また，ソーシャルメディアを利用する際に友だちとのやりとりやソーシャルメディア内の人間関係での悩みや負担を感じる割合が高いことが報告された（総務省情報通信政策研究所，2016）。同じく総務省情報通信政策研究所が高校生を対象として実施したスマートフォンとの接し方に関する調査では，スマートフォンユーザーの42.6%が「ひまさえあれば，

スマートフォンでネットを利用している」と回答し，その目的として最も多く挙げられたのが，ソーシャルメディアの利用であり，その利用の理由のうち「友だちや知り合いとコミュニケーションをとるため」が71.8%と最も高い割合を示した（総務省情報通信政策研究所，2014）。このように，現代の子どもたちの生活にはコミュニケーションツールとしてのソーシャルメディアが欠かすことのできないものとなっており，そのような状況を背景に，ネット機器を用いた「いじめ」として出現した「ネットいじめ（cyber bullying）」は，大人たちからその様態が見えにくく，対応の難しさが問題となっている。実際に，文部科学省の調査（2016a）では，高校生が経験したいじめ被害のうち，最も認知件数が多かった「冷やかしやからかい，悪口や脅し文句，嫌なことを言われる」（61.3%）に次いで，「パソコンや携帯電話等で，誹謗・中傷や嫌なことをされる」が全体の18.7%を占めて2番目に高い数値であることが報告されており，ネットいじめの抑止について有効な予防や対応の策を講ずることは子どもたちの健全な発達を支援するうえで重要な課題となっている。

　本章[注]では，対面上で行われる「従来のいじめ（traditional bullying）」と比較しながら，日本の文化と社会の中で起きている「ネットいじめ」に顕著にみられる特徴について，実証データを基に，個人レベルの要因について考えるとともに，個人と環境との相互作用の中で見えてくる課題についてもあわせて考察したい。1節では，「なぜ，仲間内でいじめが起きるのか」という問いに対して，これまでの研究で明らかになってきたことを確認する。2節では，ネットいじめが従来のいじめとどのような点で共通し，また，どのような点で異なるかについてこれまでの知見を概観したのち，筆者が収集したデータを分析した結果から，従来のいじめとネットいじめとの関連について考える。3節では，ネットいじめの加害経験を予測する個人特性に注目し，ネットいじめの予防と介入について考えてみたい。

1節　いじめの背景にあるもの

　平成25年に公布された「いじめ防止対策推進法」では，いじめについて「当該児童等が在籍する学校に在籍している等当該児童等と一定の人的関係にある

他の児童等が行う心理的又は物理的な影響を与える行為（インターネットを通じて行われるものを含む）であって，当該行為の対象となった児童等が心身の苦痛を感じているもの」と定義されている。いじめが一定の人的関係のあるところで生じると考えれば，いじめは仲間内で起きやすいといえよう。仲間とは「一緒に物事をする間柄（大辞泉）」であり，そこには何らかの利害関係が存在すると考えられる。

（1）いじめはなぜ「仲間内」で起きるのか

　誰かを犠牲にすることで集団の結束力を高め，それにより集団のめざす目標を達成しようとすることが，いじめの原因だという考え方がある（Bukowski & Sippola, 2001）。一方，森田（2010）は，日本におけるいじめの背景には「集団へのロイヤリティや凝集性への圧力」「関係の囲い込み」「異質性の排除」といった日本社会に普遍的に観察されるメカニズムが横たわっている可能性を指摘し，仲間内で誰かがいじめられているとき，「自分も被害に遭うのではないかという不安感から付和雷同していじめる側にまわる場合」があることを示唆した。

　何らかの基準に基づいて学級内に生じる友だちグループ間の階層関係を表わす「スクールカースト」ということばが描き出す子どもたちの人間関係では，高い地位のグループに属する生徒は下位グループに属する生徒に対して攻撃的に振る舞ったり，見下したりすることなどが指摘されている（鈴木，2012）。森田（2010）は，「力関係のアンバランスとその乱用」がいじめの本質を規定する要素であると述べ，土井（2013）は，現代のいじめがクラスという閉鎖的な空間において少ない人的資源をめぐって繰り広げられるゼロサム的な奪い合いであることを指摘したが，仲間内で自らの優位性を確保するための手段としていじめが行われる可能性は否定できないであろう。

　このように，仲間集団内の結束力を高めるためにその妨げとなる誰かを排除するかたちでいじめが起きる場合もあれば，特定の個人が自らの優位性を顕示したり維持したりするためにいじめが起きる場合もあると考えられてきた。その一方で，滝川（2013）は，現代社会において「特定の中心人物（いじめっ

こ）が主導してというよりも，子ども集団自体がおのずと生み出す半無意識的な集団心理が，だれが中心か曖昧なまま，いつの間にかいじめを発生させる色彩が濃くなっている」ことを指摘し，このような「主体なきいじめ」がいじめの深刻化を招いていることを示唆した。国立教育政策研究所は18年間にわたる『いじめ追跡調査』の結果から「深刻ないじめは，どの学校にも，どのクラスにも，どの子どもにも起こりうる」ことを示唆したが（国立政策研究所，2016），現代を生きる子どもたちの仲間関係には，ふとしたきっかけでいじめという爆弾が暴発するような危険性が内包されているのかもしれない。

（２）「つながり依存」

　土井（2014）は，多様な価値基準が等価に存在する現代社会において，いじめが人間関係を破壊するものではなく，むしろそれを維持する手段になっており，いじめの背景には人間関係への強いこだわりが潜んでいる可能性を示唆した。すなわち，いじめが，ネット依存と同様に，つながり依存から派生しているのではないかと指摘したのである。先述した調査報告（総務省情報通信政策研究所，2016）において，ネット依存傾向が高い中学生は「自分の身近にケータイが無いと落ち着かない」「友だちからのメッセージが気がかりでネットを常に確認している」という項目に「いつもある」「よくある」「ときどきある」と回答した割合（合計）が，ネット依存傾向が高くない中学生の３倍近いことが示されており，ネット依存の背景に誰かとつながっていないと不安になる心性が潜んでいる可能性は否定できない。土井（2014）は，コミュニケーション・アプリを介した他者との交流にのめり込むような状況を「つながり依存」とし，価値観の多様化した現代社会において，相互に異なった価値観を調整しあうためにこれまで以上に高いコミュニケーション能力が要求され，関係づくりの上手下手が人間関係の格差を生じさせていることから，つねにだれかとつながっていなければ安心できず，一人でいる人間には価値がないように考えてしまうことがつながり依存の背景にあるのではないかと指摘した。

　「自分も被害に遭うのではないかという不安感」から付和雷同して誰かをいじめてしまうこと，「互いの親密さをつねに確認し続けないと，その関係を維

持していけないのではないかという不安」からコミュニケーション・アプリを介して他者との交流にのめり込むこと，どちらもその根底につながり依存を起こさせるような個人と環境それぞれの脆弱性が潜んでいるのではないだろうか。

2節　ネットいじめとは

（1）ネットいじめの特徴

　森田（2010）は，ネットいじめに関して，インターネットが手段としてではなく，その特性が強力なパワー資源として機能することで被害者を予想以上に追い込む危険性を指摘したが，Smith（2014）では，ネットいじめにみられる顕著な特徴として，「匿名性（なりすまし，素性を明らかにせず攻撃できる）」，「不可視性（加害者が誰なのか分かり難いし，加害者からも被害者の反応が見えない，など）」，「無境界性（いつでも，どこでも起こりうる）」，「群衆化（数かぎりない傍観者が存在する可能性）」，「不可避性（四六時中，どこにいても攻撃される可能性）」が挙げられている。また，Espelage, Rao, & Craven（2013）は，ネット上という閉鎖的空間において通常の対面上では行われないような（卑劣で残虐な）逸脱行為が行われやすい背景には，「非同期性（相手からの即時の反応を知ることができない）」「独りよがりの解釈（相手のパーソナリティを自分勝手に想像する）」「解離的妄想（ネット空間で創られた信念が現実世界での責任感とは切り離されて存在する）」といった脱抑制効果がある可能性を指摘した。

　このように，ネット上でのいじめには，従来のいじめと異なり，インターネットの特質が顕著に反映された特徴がみられることが明らかにされてきた。では，次に，従来のいじめを経験した者はネット上でのいじめを経験しやすいのだろうか，というリサーチクエスチョンについて考えたい。

（2）従来のいじめとの関連

　ネット上でのいじめ経験に関して，海外の研究報告では，ネットいじめ経験

表 4-1　従来のいじめ経験とネットいじめ経験との関連

		ネットいじめ			
		経験なし	加害のみあり	被害のみあり	加害被害あり
従来の いじめ	経験なし	386[a]	2	6[b]	0[b]
	加害のみあり	32	0	1	1
	被害のみあり	82	1	5	2
	加害被害あり	39[b]	1	5[a]	6[a]

注）数値は該当する人数を表わす。英字は残差分析の結果を示す。
a：1％水準で有意に多い，b：1％水準で有意に少ない

者の半数ほどが従来のいじめを経験していることや（Ybarra & Mitchell, 2004），ネットいじめ被害者の多くが従来のいじめで被害と加害の両方を経験していること（Smith, Mahdavi, Carvalho, Fisher, Russell, & Tippett, 2008）が示されており，本邦においても従来のいじめの延長線上にネットいじめが存在する可能性が予測される。そこで，筆者が2015年秋に小学 4 年生から中学 3 年生を対象に収集したデータを分析した結果から，従来のいじめ経験とネットいじめ経験との関連についての知見を紹介する。

【研究 1 】　従来のいじめ経験とネットいじめ経験との関連

　小学 4 年生から中学 3 年生までの576名（小学生128名，女子53.9％；中学生448名，女子50.4％）を対象として，従来のいじめ経験とネット上のいじめ経験について，それぞれ該当する項目の経験人数についてその重複の状況を調べた。従来のいじめ経験について，岡安・高山（2000）で使用された加害と被害各 3 項目を，過去 3 か月間に，どのくらいの頻度で経験したのか 4 件法（ 1 ：一度もなかった～ 4 ：何度もあった）でたずねた。同様に，ネットいじめの経験について，加害 2 項目（「ネットで，だれかの悪口を書いた」「ネットで，だれかを友だちリストからはずそうと仲間に呼びかけた」），被害 2 項目（「ネットで，だれかから，悪口を書かれた」「ネットで，友だちリストからはずされた」），それぞれ 4 件法で従来のいじめと同様，経験頻度をたずねた。

　表 4-1 にそれぞれの経験の重複に該当する人数と残差分析の結果を示す。

　なお，それぞれの経験を測定する項目について「 1 」と回答した人を「経験なし」，「 2 ～ 4 」と回答した人を「経験あり」とした。検定の結果，従来のい

じめ経験とネット上でのいじめ経験との間に有意な関連が示され（1％水準），また，調整済み残差検定の結果から従来の対面上でのいじめで加害と被害のどちらも経験した者がネット上でのいじめを経験しない可能性は有意に低く，ネット上で加害と被害のどちらのいじめも経験する可能性が有意に高いことが示唆された。これにより，現実場面でのいじめの延長線上にネットいじめが存在する可能性は否定できず，子どもたちのいじめ問題を考えるうえで，従来のいじめとネットいじめを切り離して考えるのではなく，どちらをも包含するモデルを構築して検討する必要があるのかもしれない。

（3）ネットいじめを予測する要因

　先述したように，ネットいじめが出現した背景には現代の子どもたちの生活にとってコミュニケーションツールとしてのソーシャルメディアが欠かすことのできないものとなっているという状況がある。総務省（2017）の情報通信白書によれば，スマートフォンの利用時間について10代および20代ではほかの年代と比べて「SNSを見る・書く」に費やす時間が長いという特徴があることが指摘されており，また，SNSの中でもLINEの利用が10代で79.3％，20代では96.3％と最も高いことが報告されている。こうしてみると，LINEの使用頻度とネットいじめ経験との間に関連があるのではないかと推測される。そこで，次に，LINEの使用頻度とネットいじめ経験との関連について検証してみよう。

【研究2】　LINEの使用頻度とネットいじめ経験との関連

　先に紹介した小中学生576名のデータを用いて，過去3か月間のLINE使用状況（「経験なし」から「何度もある」まで4段階）とネットいじめ経験との関連について，先の研究と同様の方法で検討した。検定の結果，ネットでのいじめ経験とLINEの使用頻度との間に有意な関連が示され（1％水準），また，調整済み残差検定の結果，LINEの使用頻度が高いほどネットいじめの被害あるいは加害と被害の両方を経験する可能性が有意に高いことが示唆された。

　上記2つの研究結果から，ネットいじめが従来のいじめの延長線上にある可能性，そして，ネットいじめの生起にLINEの使用状況が関わっている可能性がそれぞれ明らかになった。最近の子どもたちにとって，スマートフォンなど

モバイル機器を介したコミュニケーションは，友だちとの人間関係を円滑に維持していくために必須なものであり，土井（2014）は，いつでもどこででも誰かとつながろうとする子どもたちが増えている現象の背後に，人間関係への強いこだわりが潜んでいることを指摘した。誰かとつながっていないと安心できない心理の背景に何があるのだろうか。次に，ネットいじめを生み出す背景にある「つながり依存」と関連する個人特性について考えてみたい。

【研究3】　LINE の使用頻度と個人特性との関連

　先に紹介した小中学生576名のデータを用いて，過去3か月間の LINE 使用頻度と自己価値（self-worth）との関連について調べた。LINE の使用については「何度もある」とそれ以外（「経験なし」「一度だけ」「数回」）の2群に分けて自己価値得点を目的変数とする t 検定をおこなった。自己価値は「自分に自信があります」「今の自分のままでいたいです」「自分のすることに満足しています」「私は，よい人間だと思います」「今の自分の生き方や生活でよいと思います」の5項目4件法で測定した。その結果，LINE の使用頻度が高い子どもたちはそうでない子どもたちに比べて有意に自己価値得点が低いことが示された（1％水準）。

　こうしてみると，つながり依存の背景に，自分のあるがままを受け入れられず，自分の存在に自信をもてない子どもの姿が垣間見えるのではないだろうか。

（4）いじめ加害経験について対面上とネット上では
　　関連する要因が異なるのか

　次に，従来の対面上のいじめとネット上のいじめでは加害経験を予測する個人特性に相違があるかどうかについて，先に紹介した小中学生576名のデータを用いて検討を試みた。

【研究4】　対面上（従来）とネット上それぞれのいじめ加害経験と
　　　　　　個人特性との関連

　先に紹介した研究と同じいじめ加害項目を用いて，個人特性との関連について検討した。個人特性については先行研究（Smith, 2014など）でいじめ加害との関連が明らかにされている「ピアプレッシャー（peer pressure）」「道徳

不活性化 (moral disengagement)」「視点取得 (perspective taking)」「共感的関心 (empathic concern)」に加えて，先ほど「つながり依存」との関連を検討した「自己価値」を用いた。使用した尺度について，ピアプレッシャーは8項目4件法，道徳不活性化は10項目3件法でいずれも西野 (2015) で使用したものである。視点取得5項目，共感的関心（鈴木・木野〔2008〕では「他者指向的反応」) 5項目はいずれも鈴木・木野 (2008) で作成されたもの（5件法）である。いじめ加害経験については従来3項目とネット2項目のうちそれぞれ1項目でも経験があれば加害経験あり（有）として，経験の有無による t 検定を行った。その結果を図4-1に示す。

　分析の結果，従来のいじめでは，加害経験のある群とない群との間にすべての個人特性について有意な群間差（1％水準）が確認され，加害経験のある子どもたちは経験のない子どもたちに比べて有意に自己価値，視点取得，共感的関心の各得点が低く，かつ，ピアプレッシャーと道徳不活性化の各得点が高いことが示された。一方で，ネットいじめについては，道徳不活性化（1％水準で有意）と視点取得（5％水準で有意）においてのみ有意な群間差が確認され，加害経験のある子どもたちは経験のない子どもたちに比べて有意に道徳不活性化の得点が高く，視点取得の得点が低いことが示された。こうしてみると，従

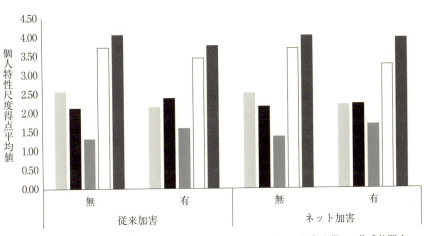

図4-1　従来とネット上でのいじめ加害経験と個人特性

来のいじめに比べて，ネット上のいじめについては，これまでの研究において
いじめの加害との関連が明らかにされてきた個人特性に注目した予防や介入の
方策では対処できないような状況が存在する可能性が推測される。「友だちに
きらわれないよう，合わせる」「周りの人の意見に流されやすい」など周囲の
仲間からの同調圧力（ピアプレッシャー）に敏感であったり，自分に自信がな
かったり，他者への思いやりや関心，共感性（「悲しんでいる人を見ると，な
ぐさめてあげたくなる」「まわりに困っている人がいると，その人の問題が早
く解決するといいなあと思う」など）が低かったり，といったような個人の脆
弱性に焦点をあてたアプローチではネットいじめの低減に向けて十分な効果が
見込めないかもしれない。

　今回の分析結果から，従来のいじめとネットいじめのどちらの加害経験をも
予測する個人特性として「道徳不活性化」と「視点取得」が示された。道徳不
活性化とは，社会的認知理論に基づき，人が内的自己制御の欠如により有害な，
あるいは攻撃的な行動をすることを自分自身で正当化するような認知プロセス
とされている（Bandura, 2002）。「暴力をふるうことはよくないが，悪口を言
うくらいならだいじょうぶである」といったような自分たちにとって都合のよ
い正義に基づき，誰かを排除したり攻撃したりすることを指す。視点取得とは，
自発的に他者の心理的観点をとろうとする傾向を表し（鈴木・木野，2008），
「人の話を聞くときは，その人が何を言いたいのかを考えながら話を聞く」と
いった項目を含む。今回の分析結果は，「匿名性」「不可視性」といった特徴を
もつネット空間において，対面上に比べてよりいっそうモラルや社会的情報解
釈の問題がクローズアップされる可能性が高いことを示したといえよう。

　ネットいじめを含めたネット上でのトラブルを未然に防ぐために，情報モラ
ル教育への期待は今後さらに高まるであろう。

3節　ネットいじめの予防と介入

　ネットいじめの加害経験について個人の脆弱性（vulnerability）という視点
から考えてみよう。脆弱性とは，攻撃されたり傷つけられたりしやすい傾向や
環境を指すが，最近マスコミでもしばしば取り上げられて話題となった「レジ

リエンス（resilience）」と相互に影響しあうものであり，脆弱性を生じさせるような過酷な状況にあってもそれを乗り越えていける力がレジリエンスである（Garmezy, 1991）。ネットいじめというネガティブな事象と関連する個人レベルの脆弱性を緩衝するレジリエンス要因は何であろうか。

（１）個人の脆弱性への支援

　前節において，ネットいじめ加害を予測する「道徳不活性化」「視点取得」という２つの要因が明らかにされたが，なかでも，道徳不活性化について海外ではそのメカニズムが仲間集団のような社会的文脈の中で発達し，かつ社会化されることが指摘されている（Bandura, 1990）。では，「人に迷惑をかけるような人は，仲間はずれにされてもしかたない」と考えるような「道徳不活性化」が生じないように機能するレジリエンス要因として何が考えられるだろうか。海外の研究では，ネットいじめに対するレジリエンス要因としてソーシャルサポートが報告されている（Fanti, Demetriou, & Hawa, 2012）。11歳から14歳を対象として縦断調査を実施したFantiほか（2012）では，家族や友人からのサポートの高さがネットいじめの加害と被害の各経験を有意に低減する可能性が示唆された。そこで次に，ネットいじめに対する個人の脆弱性を緩衝する要因として，学級でのサポートに注目して，先ほどと同じ小中学生のデータ（28クラス）を用いて検討した知見を紹介しよう。

【研究５】　ネットいじめを予測するネガティブな個人特性を調整する
　　　　　　学級要因

　学級で教師や仲間からどれくらいのサポートを得られているかについて「学級での関係性の良さ」（伊藤・松井〔2001〕を参考に５項目（５件法）；「このクラスにいると安心できる」「自分たちの気持ちを気軽に言い合える」など）という変数を用いて，学級レベルでの関係性の良さがネットいじめに対する個人の脆弱性を緩衝できるかどうかについてマルチレベルモデル（清水, 2014）により検討した。個人レベルの要因として「道徳不活性化」と，つながり依存の背景にあるかもしれない「自己価値の低さ」を取り上げた。

　階層線形モデリング（Hierarchical Linear Modeling：HLM）によるマルチ

レベル分析を行った結果，自己価値の低さと学級での関係性の良さとの間にクロス水準の交互作用（$p=.020$）が確認された。そこで，交互作用の内容を検討するため単純傾斜の検定を行った結果を図4-2に示す。学級メンバーがその学級での関係性の良さを低く評価している群では，個人の自己価値の低さの効果は正で有意であった（$p=.002$）が，学級での関係の良さをメンバーが高く評価している群では個人の自己価値の低さの効果は有意でなかった（$p=.678$）。この結果は，安心して何でも話せないような学級では，自分に自信がないと思っているような子どもが道徳不活性化を生じやすいことを示唆している。すなわち，お互いの気持ちを素直に話し合えないような，安心感の得られない学級では，自分に自信のない子どもたちが，「だれかをからかうことは，必ずしもその人を傷つけることにはならない」「気にさわるクラスメートをたたくのは，その子にルールを教えてやっているだけだ」といったような自分たちにとって都合のよい正義に基づき，誰かを排除したり攻撃したりすることを知らず知らずのうちに習慣化させている可能性を示している。「社会化」とは「個人が，集団の構成員となるために必要な意識を身につけていく過程（大辞泉より引用）」を指すが，こうしてみると，ネットいじめの加害を予測する道徳不活性化は，子どもたちが安心して過ごせないような学級で「社会化」され

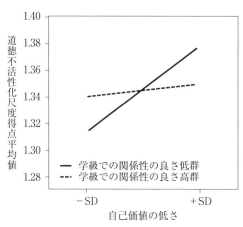

図4-2　自己価値の低さが道徳不活性化に及ぼす影響に対する
　　　　学級レベル変数の緩衝効果

やすい可能性があるといえるかもしれない。

（２）モラル教育への示唆

　海外では，たとえば，「先生たちは公平に接してくれる」「先生たちは自分た
ちの意見を尊重してくれる」など自分の所属する学校環境を肯定的に評価する
者ほどネットいじめへの関与が少ないという研究報告があり（Williams &
Guerra, 2007），ネットいじめ問題へのアプローチのひとつのカギが学校環境
にあるのではないかと推察される。先述した研究結果からも，ネットいじめの
加害を予測する道徳不活性化が生じやすい学級環境が示され，学級での関係性
の良さがネットいじめの加害を抑制する可能性が示唆された。滝川（2013）は
「現代の子どもの『正義』は規範的なものには準拠せず，集団内でのきわめて
感覚的・感性的なものに準拠するようになっている」ことを指摘したが，実際
のいじめ場面において，道徳意識をもちながらもいじめに加担したり，見て見
ぬふりをしたりする子どもたちが少なくないことはさまざまな研究で報告され
ている（Salmivalli, 2010）。子どもたちにとって，社会的規範よりも仲間集団
に内在する感覚的な「標準」が重視される背景には，先述したように，丸ごと
の自分（自分の良いところも悪いところもすべて包括した，自分という存在）
を良しとできないような自己価値の低さがあり，それゆえに，他者とのつなが
りによってかろうじて自分の存在価値を認めてもらおうとする「つながり依
存」があるのかもしれない。子どもたちそれぞれがもっている道徳意識がいじ
め場面で実際に機能するために，どのような取り組みが可能であろうか。
　文部科学省（2016b）は，平成30年度から全面実施となる「特別の教科　道
徳」において「考え，議論する道徳」の充実がいじめの防止に向けて大変重要
であるとのメッセージを発信した。そのなかでは，道徳教育の目標が「自己の
生き方を考え，主体的な判断の下に行動し，自立した人間として他者と共に
よりよく生きるための基盤となる道徳性を養うこと」であり，現実のいじめ問題
に対応できる資質・能力を育むためには，「『あなたならどうするか』を真正面
から問い，自分自身のこととして，多面的・多角的に考え，議論すること」が
重要であると述べられている（31～32頁参照）。ただし，それだけで「現実場

面で機能する道徳意識」を育成することはなかなか難しいであろう。同時に発信された『道徳の質的転換によるいじめの防止に向けて』というリーフレットでは，問題解決的な学習例の中に「大切さを理解していても，なかなか実現できない人間の弱さ」と明示され，その具体例が挙げられているが，ここに「実際に機能する道徳意識」を育てるためのヒントがあるのではないだろうか。子どもたちがそれぞれに何らかの弱さをもっていることを認めたうえで，その弱さを緩衝できるような環境づくりをすることで，「考え，議論する道徳」の授業が「現実場面で機能する道徳意識」の育成につながっていくのではないだろうか。

　「人に迷惑をかけるような人は，仲間はずれにされてもしかたない」といったような自分たちにとって都合のよい正義に基づき，誰かを排除したり攻撃したりすることがいじめにつながる可能性，そして，そのような自分勝手なものの考え方を知らず知らずのうちに身につけてしまう可能性のある学級環境について言及した本章での研究結果もふまえて，まずは子どもたちが「このクラスにいると安心できる」と思えるような学級環境を整えることが，いじめ低減に向けた重要なステップであろう。

さいごに

　本章では，従来のいじめとの比較を通して，ネットいじめにはネット独自の特徴に加えて，従来のいじめ対策では対応しきれない難しさがあることについて議論した。そのなかで，ネットいじめの加害を予測する「道徳不活性化」「視点取得」という個人レベルの要因を特定したが，それらの要因がどのようなメカニズムでネットいじめを引き起こすのかということについては検討できていない。ネットいじめの背後に潜むかもしれない「つながり依存」とこれらの要因との関連を明らかにすることに加えて，ネット空間独自の特徴との交互作用についても検討すべき課題であろう。これらの課題について今後さらなる検討が進むことを期待したい。

注）日本学術振興会科学研究費 基盤研究（C）［課題番号：26380913］により実施された調査内容を含む。

引用文献

Bandura, A.（1990）. Selective activation and disengagement of moral control. *Journal of Social Issues, 46*, 27-46.

Bandura, A.（2002）. Selective moral disengagement in the exercise of moral agency. *Journal of Moral Education, 312*, 101-119.

Bukowski, W., & Sippola, L.（2001）. Groups, individuals, and victimization: A view of the peer system. In J. Juvonen & S. Graham（Eds.）, *Peer harassment in school: The plight of the vulnerable and victimized*（pp. 355-377）. New York: Guilford Press.

土井隆義（2013）．変容する仲間集団の光と影──いじめ問題を正しく理解するために　こころの科学, *170*, 23-27.

土井隆義（2014）．つながりを煽られる子どもたち──ネット依存といじめ問題を考える　岩波書店

Espelage, D. L., Rao, M. A., & Craven, R. G.（2013）. Theories of cyberbullying. In S. Bauman, D. Cross, & J. Walker（Eds.）, *Principles of cyberbullying research: Definitions, measures, and methodology*（pp. 49-67）. London & New York: Routledge.

Fanti, K. A., Demetriou, A. G., & Hawa, V. V.（2012）. A longitudinal study of cyberbullying: Examining risk and protective factors. In E. Menesini, & C. Spiel（Eds.）, *Cyberbullying: Development, consequences, risk and protective factors*（pp. 6-19）. Hove, UK: Psychology Press.

Garmezy, N.（1991）. Resilience and vulnerability to adverse developmental outcomes associated with poverty. *American Behavioral Scientist, 34*, 416-430.

伊藤亜矢子・松井　仁（2001）．学級風土質問紙の作成　教育心理学研究, *49*, 449-457.

国立政策研究所（2016）．いじめ追跡調査2013-2015　生徒指導・進路指導研究センター

文部科学省（2016a）．平成27年度「児童生徒の問題行動等生徒指導上の諸問題に関する調査」

文部科学省（2016b）．いじめに正面から向き合う「考え，議論する道徳」への転換に向けて（文部科学大臣メッセージ）

森田洋司（2010）．いじめとは何か　中公新書

内閣府（2017）．平成28年度　青少年のインターネット利用環境実態調査

西野泰代（2015）．いじめ場面における傍観者の行動を規定する要因──個人特性を指標とした検討　日本教育心理学会第57回総会大会論文集, 200.

岡安孝弘・高山　巖（2000）．中学校におけるいじめ被害者および加害者の心理的ストレス　教育心理学研究, *48*, 410-421.

Salmivalli, C.（2010）. Bullying and the peer group: A review. *Aggression and Violent Behavior, 15*, 112-120.

清水裕士（2014）．個人と集団のマルチレベル分析　ナカニシヤ出版

Smith, P. K.（2014）. *Understanding School Bullying*. London: SAGE.

Smith, P. K., Mahdavi, J., Carvalho, M., Fisher, S., Russell, S., & Tippett, N.（2008）. Cyberbullying: Its nature and impact in secondary school pupils. *Journal of Child Psychology and Psychiatry, 49*, 376-385.

総務省（2017）．平成29年版情報通信白書　ICT 白書2017　データ主導経済と社会変革

総務省情報通信政策研究所（2014）．高校生のスマートフォン・アプリ利用とネット依存傾向に関する調査報告書

総務省情報通信政策研究所（2016）．中学生のインターネットの利用状況と依存傾向に関する調査報告書

鈴木　翔（2012）．教室内カースト　光文社

鈴木有美・木野和代（2008）．多次元共感性尺度（MES）の作成——自己指向・他者指向の弁別に焦点を当てて　教育心理学研究，*56*，487-497.

滝川一廣（2013）．いじめをどうとらえ直すか　こころの科学，*170*，16-22.

Williams, K. R., & Guerra, N. G.（2007）. Prevalence and predictors of internet bullying. *Journal of Adolescent Health*, *41*, S14-S21.

Ybarra, M., & Mitchell, K.（2004）. Online aggressor/ targets, aggressors and targets: A comparison of associated youth characteristics. *Journal of Child Psychology and Psychiatry*, *45*, 1308-1316.

5 章
LINE の特性を活用する情報モラル教育
──児童生徒の LINE 利用とトラブルに関する
エビデンスをふまえて

若本純子

はじめに

　筆者は，子どもの育成にかかわる専門家への心理コンサルテーションを実施する機会がある。そのなかで，2011年に LINE のサービスが開始された翌年以降，LINE が介在するトラブルやいじめ，それらに端を発した不登校の相談が急増した。当時は中学生・高校生にみられた LINE トラブルが，現在では小学校教師からも心配の声が聞かれるようになってきた。子どもが被害者となった犯罪で LINE の関与が報道されたり，LINE いじめ，LINE 依存などの言葉がメディアに登場するようになったためか，LINE が子どもの問題行動の原因であるかのような批判を受けることも少なくない。LINE の使用を禁止すべきではないかという相談もよく受ける。このような子どもの SNS トラブルに対する大人や社会の反応はわが国にかぎったことではなく，アメリカでも同様の状況が見られるという（boyd, 2014, 野中訳, 2014）。

　学校や保護者が子どもの LINE トラブルに危機感を強めているにもかかわらず，LINE の利用がさかんなのは東南アジア諸国の一部などにかぎられていることから，世界的に研究が進められている Twitter とは対照的に子どもの LINE 利用についての研究は少ない。そのため教育実践に活用できるエビデンスも不足している。学校教育にとって有用な観点（たとえば発達的観点）をともなった子どもの LINE トラブルの実態把握も十分には行われておらず，どの

ような要因や背景によってトラブルが生じるのかも特定されていない。

　そのようななかで，日本の子どものLINE利用は低年齢化が進行し，利用方法も変化している。たとえば，小学生のLINE利用が増えている一方で，高校生を中心にSNSの使い分けが進み，LINEを用いた緊密すぎる交流を避ける生徒が増えてきたこと，LINEトラブルの代表格のように扱われてきた「既読無視」（相手からのメッセージを読んでも返信しないこと）がもはや問題視されなくなり，「未読スルー」（相手からのメッセージを読まずに放っておくこと）もあたりまえになりつつあることなどが指摘されている（アエラ，2017；鈴木，2016；高橋，2018など，くわしくは1章参照）。

　子どもたちのLINE利用の目まぐるしい変化にどう対処し，指導していくのか悩ましいが，これほどLINEが子どもたちの日常生活に浸透した以上，LINEを教育や発達支援にどう活かすかを考えるほうが理にかなっている。そのような観点でLINEの機能面やコミュニケーションの特徴を鑑みると，情報モラル教育の導入部分において有用な教材となりうる要素が少なくない。本章では，わが国の子どもたちに最も利用されているLINEに注目し，筆者が行った小学生・中学生・高校生2,000名余を対象とした質問紙調査の結果や先行研究，ウェブニュース記事，調査結果から児童生徒のLINE利用とトラブルの実態を把握し，LINEの特性を活かした情報モラル教育のあり方を考える。

1節　子どものLINE利用の実態

（1）LINEの機能とコミュニケーションの特徴

　LINEは，チャット（メンバー同士がリアルタイムで文字による会話を楽しむインターネット上のコンテンツ）に端を発するSNSである。スマートフォンで利用できるコミュニケーションアプリとして，児童生徒に急速に広まった。図5-1に示されているように，吹き出しの中のテキストメッセージや画像（スタンプ，写真，動画）が画面に現れる仕様になっており，おしゃべりの進行にともなって次々と画面上を流れていく。このやりとりは，個人間だけでなく，グループ内で複数の人との間で同時に行うこともできる（グループチャ

ト，略してグルチャと呼ばれる）。

　チャットを出自とするLINEでのコミュニケーションは，対面コミュニケーションとの共通点が多い。TwitterなどほかのSNSが不特定多数の人々への情報発信という機能をも有するのとは一線を画す特徴である。西川・中村（2015）は，LINEで展開されるコミュニケーションの特性として，会話がスムーズに継続することや，複数の話題が同時並行的にやりとりされることを挙げているが，これらもLINEでの会話がいかに対面での会話に近いかを示唆している。それゆえに，LINEコミュニケーションでは，インターネットを介したやりとりであるにもかかわらず，対面でのコミュニケーションであるかのようにすぐに反応することが求められ，「メッセージを読んだのに返信しないのは失礼だ」あるいは「返信がないのは嫌われているのか」ととらえる「既読無視」トラブルの一因になっている。

　さらに西川・中村（2015）は，LINEコミュニケーションでは，スタンプ機能，顔文字表現等も含め，テキスト以外の表現の工夫や使い分けが行われてい

図5-1　LINEの画面例
　　　　（LINE公式ブログ掲載画像
　　　　http://lineofficial.blogimg.jp/ja/imgs/8/6/861d2ba9.png）
注）左側の吹き出しが相手から送信されてきた言葉，右側の吹き出しが自分が送信した言葉，最後の画像がスタンプである。スタンプは画像によって発信者の気持ちが一目でわかる表現であり，好んで使用される。また，吹き出しの下に，メッセージが送られた時間，既読（相手がメッセージを読んだことを表す）が示される。

ること，1つのスタンプや画像が多様なニュアンスで多用されていること，テキストメッセージが極端に短文化・省力化されていることなどから，LINEコミュニケーションは文脈への依存度が高く，やりとりや解釈はさまざまな要因からの影響を受けやすく，誤解も生じやすいと述べている。これらは，従来，パソコンなどの情報機器を介したインターネット上のコミュニケーションとして研究されてきたCMC（Computer-Mediated-Communication）の特徴と共通する点も多い（図5-2）。だが，子どもたちのLINE利用に特有の性質があることにも留意が必要である。たとえば，子どもたちは，現実の世界でもつながりのある親しい友人とのおしゃべりや連絡を目的にLINEを使っているため，現実場面の出来事や関係性などがコミュニケーションに影響を及ぼしやすい。また，子どもたちの大多数は，スマートフォンを使ってLINEを利用している。

CMC にみられる特徴	概　説	LINEコミュニケーション にもあてはまるか？
情報が限定的	コミュニケーションに使用される情報が限定的で，誤解を招きやすい	← LINEコミュニケーションにも該当
匿名での やりとり	匿名でのやりとりのため，無責任な発言・暴言等が出やすい	← LINEでは現実の友人等，互いが誰かわかっているやりとりが主
発言者の 平等性・対等性	発言者の現実社会の立場等に関係なく平等・対等に発言でき，発信者よりも発言内容が重視される	← LINEでは，現実での人間関係や立場，文脈の影響を受けたやりとりが行われる
フレーミング	「燃焼」の意。感情的に興奮したやりとりになりやすい	← LINEコミュニケーションにも該当
発信した情報は 回収不可能	いったん発信した言葉や画像などの情報は，回収・消去が難しいのに加え，第三者を介して拡散することがある	← LINEでは24時間以内であれば回収可能[注]
意見の 集団極性化	意見が対立した時，どちらかに極端に偏った意見が集中しやすい	← LINEコミュニケーションのうち，グループチャットには該当

図5-2　CMC（Computer-Mediated-Communication）の特徴とLINEコミュニケーションとの比較
注）2017年12月からサービス開始（http://official-blog.line.me/ja/archives/73556750. html）

スマートフォンという機器の特徴から，交流はプライベートなものとなりやすく，相手との親密性が高まりやすい（くわしくは1章参照）。

（2）児童生徒の LINE 利用の実態

　『平成29年版情報通信白書』（総務省，2017）によれば，13〜19歳の子どもの81.4％がスマートフォンを所持し，81.3％が何らかの SNS を利用し，平日には1時間強（73分），休日には2時間強（122分）を SNS に費やしている。なかでも LINE は79.3％が利用しているという。近年実施されたマーケティング会社や研究機関の調査結果でも，中学生・高校生の LINE 利用は，スマートフォン利用者の70.7〜96.9％，アクティブユーザー（実際に利用があるユーザー）率は69.0〜92.5％と，ほかの SNS からは突出した利用水準にある（木村，2016；MMD 研究所，2015；リスキーブランド，2017）。中学生・高校生の間でこれほど LINE が利用されている理由のひとつとして，児童生徒の間では学級や部活動の連絡事項が LINE のグループチャットを通じて伝達され，それに対する回答も LINE を通じて行うことが常態化していることが挙げられる。いまや，LINE は子どもが仲間と円滑に生活するために不可欠なコミュニケーションインフラになっていると指摘されている（鈴木，2016；高橋，2018）。
　一方，小学生を含む調査研究を行った若本（2016）によると，LINE を利用している児童生徒は全体の57.6％であったが，そのうち高校生ではほぼ9割の87.2％，中学生ではほぼ5割にあたる48.4％，そして小学生では25.0％が LINE を利用していた。LINE の利用頻度は，高校生は「1日に何度も」62.9％，「1日に1〜2回」28.0％，中学生は「1日に何度も」37.8％，「1日に1〜2回」35.9％，小学生は「1日に何度も」22.8％，「1日に1〜2回」22.0％であった。すなわち，毎日 LINE を利用している高校生は利用者の9割，中学生では7割，小学生では5割弱にあたる。LINE で誰と何をしているかというと，学校種を問わず，「友だちなど身近な人とのやりとり」が「よく行っている」「行っている」の合計数が最も多く（高校生96.0％，中学生92.3％，小学生75.4％），学校に関する連絡は学校種での差が大きかった（高校生78.4％，中学生54.5％，小学生21.2％）。一方，会ったことのない人（同年代，大人）との会話や画像の

やりとり（3項目）を「よく行っている」「行っている」との回答を合計すると，高校生では9.9%～35.1%，中学生6.6%～29.4%，小学生3.8%～12.1%であった。

　LINEを利用する理由の上位3項目は高校生と中学生では同じであり，「すぐに連絡がとれるから」（高校生91.4%，中学生81.8%），「無料だから」（高校生65.1%，中学生55.7%），「みんな使っているから」（高校生42.9%，中学生19.5%）であった。小学生は，最上位が「すぐに連絡がとれるから」（60.0%）である点は中高生と同じであったが，2位に「絵文字やスタンプで気持ちを表せるから」（34.6%）が挙げられ，3位が「無料だから」（27.7%）であった。加えて，LINEの魅力（複数回答）でも，高校生と中学生の上位3項目は同じであり，「気軽にやりとりができる」（高校生81.5%，中学生76.4%），「友だちとわいわいやりとりができる」（高校生61.6%，中学生61.0%），「勉強や宿題を教え合ったり励まし合ったりできる」（高校生48.6%，中学生45.4%）であった。小学生はLINEの魅力も中高生と一部異なっており，「気軽にやりとりができる」（62.1%）と「スタンプが楽しい」（60.5%）がほぼ同率であり，「友だちとわいわいやりとりができる」（52.4%）が続いた。

　利用実態に関する結果をまとめると，非常に多くの児童生徒がLINEを利用しており，とくに高校生では100%近いこと，相手は現実でもつながりのある身近な友人などであること，LINEを利用している者の多くは毎日利用していることが明らかにされた。また，児童生徒は，LINEを，即応性・同期性という特徴からコミュニケーションツールとしての利便性が高く，かつ無料であり気軽に利用できるととらえており，友人とのおしゃべりや，連絡を取り合うために利用している。ここから，SNSに関する先行研究の知見（boyd, 2014, 野中訳，2014；若本・西野・原田，2017など）と一致して，児童生徒のLINEコミュニケーションは，現実場面における友人関係やコミュニケーションとの連続性が示唆される。一方で，小学生は，LINEの利用方法，利用動機ともに，中学生・高校生とは異なる特徴を有するようである。

2節　子どものLINEトラブル

　学校現場ではLINEトラブルへの対応に苦慮しているが，トラブルの種類や学校種・性別による違い，トラブルと関連する要因についてのエビデンスは極めて少ないのが現状である。ここでは，若本（2016）で実施した質問紙調査（有効回答数2,085名，内訳は小学生515名，中学生763名，高校生807名）の結果をもとに，児童生徒のLINEトラブルについてくわしく見ていこう。

（1）トラブルに関する質問項目

　本調査では，予備調査結果をもとに，15種類のLINE利用をめぐるトラブル行為を問う質問項目を作成した。「既読無視」「ブロック」（相手からの受信を拒絶するよう設定すること）など誰もが行いやすいもの，グループチャットでの悪口や仲間はずしなどLINEいじめと関連するもの，やりとりの内容などを無断で第三者に伝える個人情報漏洩にかかわるもの，性的内容や犯罪がらみの誘いなど非行に関連するものが含まれている。また，やりとりの相手として，友人等身近な人と，日常生活で会ったことのない人と2種類が想定され，上記15項目のトラブル行為を「した」（以降，加害と表記）経験と「された」（以降，被害と表記）経験の有無と，された時のつらさについて質問を行った。

（2）トラブル遭遇率

　最も加害・被害の経験率が高かったトラブルは，身近な人との間の「既読無視」で，58.8％の児童生徒が経験していた。しかし，同じ「既読無視」でも，相手が会ったことのない見知らぬ人の場合は29.0％とほぼ半数に減少した。同様に，相手が会ったことのない見知らぬ人の場合，「ブロック」をした・された経験は利用者の2割程度で報告されたものの，その他のトラブルは1割程度の経験率であった。ここからも，LINEが見知らぬ人と出会ったり，交流したりする目的で利用されているわけではないことがうかがえる。相手が友人など

の場合,「既読無視」の次に経験者の割合が多かったのは,「ブロック」43.3%,「やりとりをスクリーンショットにして(やりとりの画面を写真にすること)第三者に回す」35.0%,「相手が映っている画像・動画を第三者に回す」31.0%であった。また,「性的な内容の送受信」は20.2%,LINEいじめといえる「グループチャットでの悪口」は15.8%,「仲間はずし」は13.6%であった。

(3) トラブルの関連要因

　トラブルの加害経験の有無,被害経験の有無を組み合わせた4群を作成し,学校種との関連を検討したところ,小学生と中学生では加害・被害両方の経験がない児童生徒数が有意に多く,高校生では加害・被害両方の経験がある生徒が有意に多いという結果が得られた(一部の結果を図5-3に示した)。次に,トラブル経験と性別との関連を検討したところ,有意な関連はすべて高校生において見られた。その内容は,男子は「ブロック」,「仲間はずし」など攻撃的なトラブル経験が有意に多く,女子は,「スクリーンショットでやりとりを第三者に回す」トラブル経験が有意に多いというものだった。さらに,トラブル経験の4様相と情報モラルの関連を検討した。情報モラルにかかわる項目として「個人情報の扱い」「コミュニケーショントラブルへの対処」,トラブル行為の抑制につながると考えられる「被害経験によるつらさ」が4群で異なるか検討した。その結果,全トラブルで,個人情報の扱いとトラブル対処において有意な違いが認められ,加害・被害ともに経験がある群は相対的に情報モラルの理解が低調であった。それに加え,加害・被害ともに経験がある群は被害経験しかない群と比べて,被害に遭っても有意につらさを感じにくいことが示された。

3節　LINEを活かす情報モラル教育

　ここでは,これまで示してきたエビデンスをふまえ,LINEの機能や子どもたちのLINEコミュニケーションの特徴を活かした情報モラル教育の進め方やトラブルへの介入について,ポイントを提案していきたい。

5章　LINEの特性を活用する情報モラル教育

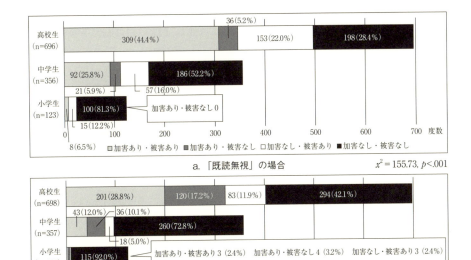

a.「既読無視」の場合　　　　　　　　　$x^2 = 155.73, p<.001$

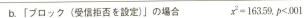

b.「ブロック（受信拒否を設定）」の場合　$x^2 = 163.59, p<.001$

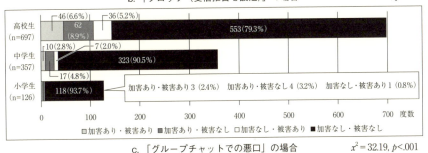

c.「グループチャットでの悪口」の場合　$x^2 = 32.19, p<.001$

$x^2 = 124.98, p<.001$

d.「自分が映っている画像を無断で回される（相手が映っている画像を無断で回す）」場合

図5-3　LINEトラブルの様相（学校種別）

81

（1）「SNSトラブルはフツウのこと」になる前に予防教育として実施する

　前節で示したように，LINEに関するトラブル行為の加害・被害両方の経験
がある児童生徒は主として高校生であり，被害経験に直面してもあまりつらい
と感じず，情報モラルも不十分である傾向が見られた。田中・山口（2016）は，
現在の20歳代の学生は物心ついて以降，ネット上の炎上が日常茶飯事であり，
「ネットとはそういうものだ」という諦めから，いまさら問題だとは考えてい
ないと述べている。10代後半の高校生が20代のミレニアル世代と同じ理解を共
有している可能性は高い。この「トラブルを問題だとみなさない」態度こそが
教育的観点からは最も問題だといえる。このような態度がいったん形成された
後に変えるのは難しい。したがって，情報モラル教育は予防教育として実施さ
れることが重要である。

　では，いつ頃からどのような形で始めることが望ましいのだろうか。渡辺
（2011）は，「9歳の壁」「10歳の壁」として知られる小学校中学年が，認知能
力，情緒，道徳観，社会性，自己意識などの心理機能全面において，発達の転
換期であることを示している。情報モラル教育においても，小学生中学年をひ
とつの着眼点として，段階的に計画・実施することで，子どもの発達にそった
教育実践が可能になると考えられる。

（2）導入段階においてLINEは有用な教材になりうる

　これまで，SNSに関する調査や研究では小学生が対象にされてこなかった
が，小学生の発達的な特徴を考慮すると，LINEはSNS利用や情報モラルに
ついて学ぶ際に有用な教材になりうる。第一の理由として，小学生にとって
LINEを利用することはあこがれであり（高橋，2018），利用モチベーション
が高いことから，学習に取り込みやすいことが挙げられる。第二の理由として，
LINEコミュニケーションは，相手が誰だかわかっており，対面状況と近い形
で会話が進むのと同時に，テキストと画像などのかぎられた情報だけで交流し
なければならないというCMCの特徴（図5−2参照）も有している点が挙げ
られる。そこから，LINEは，現実の交流を起点にしてインターネットにおけ

るコミュニケーションの方法を学ぶのに有用な教材になりうると考えられる。

　実際の運用に対しては、前項で述べた小学校中学年を鍵とする発達的観点が多くのヒントを与えるだろう。道徳性の発達に関しては3章を参照していただくとして、ここでは状況をとらえ考える力、すなわち認知発達に注目して考えてみよう。たとえば、ある子どもがSNSで友だちと会話している時、そこで発信した情報はその友だち以外の人からも見られる可能性があることや、自分が忘れた頃に見知らぬ第三者がその会話内容を入手し、拡散させる可能性があるといったことを理解するには、空間や時間を超えて状況をとらえ、その影響を考える力と、不特定多数の人間の行動やその動機を推測できる思考力が必要である。そのような抽象的事象に関する論理的思考は、小学校中学年頃から芽生えが見られ（渡辺，2011）、高学年にかけて確立されていく。

　そこで、小学校中学年を導入段階と設定し、交流相手を具体的に想定できるLINEを手がかりに、現実でのコミュニケーションからインターネットでのコミュニケーションへの橋渡しを始めてはどうだろうか。たとえば対面状況での仲のよい友人との会話と、LINEの文字と画像のみで顔も見えず声も聞こえないという状況での同じ友人との会話では何が違うのかという課題設定であれば、小学生中学年のほとんどの子どもが容易にイメージできるだろう。スマートフォンでLINEを利用する練習を通して（実物を使うかは各現場の実情に応じて検討が必要であるが、パソコンで代替はできない）SNSコミュニケーションの基本的なマナーを習得し、次の段階でインターネットの特徴を理解し、不特定多数の人々に開かれたインターネットコンテンツで見知らぬ他者とのコミュニケーションに取り組むという段階的な教育計画であれば、子どもたちが無理なく情報モラルを習得できるだろう。

（3）一次予防と二次予防の2段階で実施する

　先行研究において、現実場面とLINE上の行動は比較的共通していることが見出されており（若本ら，2017）、現実において問題を抱える子どもはインターネット上においても問題行動を示しやすいことが知られている（Wolak, Finkelhor, Kimberly, & Ybarra, 2008）。Wolakら（2008）はこれを、イン

ターネットによって現実が延長・拡大されたことにより，ネット空間が問題行動を可視化する新たな場となったためだと解釈しているが，いじめにも同様の傾向がある（4章を参照）。このような傾向をふまえると，情報モラル教育は，トラブルを未然に防ぎ，健全で良好なコミュニケーションを育むために大多数の児童生徒を対象に，授業を通して実施する一次予防に該当するものと，問題行動を呈する児童生徒に対して実施する二次予防に該当するものとの2段階の構造であることが望ましい。

　なかでも，問題行動を呈する児童生徒に対しては，当該児童生徒の心理社会的要因も十分に考慮に入れて実施したい。たとえば，非行・犯罪への巻き込まれといった深刻な問題行動にLINEが関与することはありうるが，それ自体が原因ではない。問題行動傾向を有する子どもの一側面としてとらえる視点が必要である。したがって，当該児童生徒に対する包括的な支援体制を構築し，生徒指導と連携しつつ，日常生活全般に細やかに目を配ることが必要になる。保護者との連携も重要である。現在，スマートフォン・携帯電話キャリア各社から，子どものSNSトラブルを防ぐための家庭内の対策がインターネット上に公開されている（巻末の資料参照）。そういったものを保護者に紹介し，家庭内でのルールを決めてもらうよう助言するとよいだろう。

　また，発達障害や知的障害がある児童生徒は，インターネット空間にいる見えない観客の存在や，いま行った発信が今後どのような影響を与えるのか将来の見通しをつけることが難しい。それぞれの子どもの障害特性に応じた指導が求められるため，教育相談担当や特別支援教育コーディネーターと連携し，個別指導計画の一部としてSNSでのコミュニケーションの指導を位置づける取り組みが必要である。

（4）子どもの現実とLINE上の世界は地続きであることをふまえて，
　　トラブルに介入する

　一方，子ども同士のLINEをめぐるトラブルに介入する際，まず教師が認識しておきたいことは，LINEが現実の親しい友人との間で利用されていることである。相手が日常的に行動をともにする仲がいい友だちであるため，LINE

でのコミュニケーションをおろそかにしたり，いったんトラブルになったりすると，即座に現実の学校生活における不利益となって跳ね返ってくる。逆に，現実での出来事や関係の変化もまた，LINE 上のコミュニケーションに大きく影響するという相互的な還流が生じやすい。そのような背景を考慮することなく「LINE 依存では」と心配して無理にやめさせようとしたり，「やめればよい」といった安易な声かけをすることは有用な対処ではない。なぜなら，LINE はいまや子どもにとって必要不可欠なコミュニケーションインフラであり，やめることは学校での孤立に直結するからである。なお，LINE と現実との連続性は，SNS の使い分けが進んでいる高校生よりも，小学生，中学生のほうにより強くみられると考えられる点にも留意が必要である。

　LINE のトラブルに関する教師からの相談において，自分たちに見えないところで起こるため対処しにくいという声をよく耳にする。上述したように，子どもたちの LINE トラブルは学校生活を含む現実の延長線上にある。インターネット空間にあるつかみどころのないトラブルと身構えすぎる必要はない。塾などのように，子どもたちが活動するひとつの場として LINE を認識すれば，LINE 上のトラブルも現実場面における対人トラブルと同様に，生活指導や生徒指導の一環として対処することができるだろう。

（5）目の前の相手とのつながりばかりを追求することが，トラブルを生んでいることに気づかせる

　児童生徒はさまざまな LINE をめぐるトラブルを経験しているが，やりとりをスクリーンショットで第三者に回す，自分や身近な人が写っている写真や動画を第三者に回す行為は比較的頻繁に行われており，個人情報の暴露に該当するトラブル行為だという認識は低いと推測される。この行動の背景として最もありそうなのが，交流している相手と楽しくつながり，親密であろうとすることが最優先され，その後の影響を想像することや，情報を回された側への配慮が後回しになっている可能性である。

　LINE など SNS を用いた交流は親密さ，楽しさ，共感，承認など児童生徒の望むものが満載である。しかし，その魅力に没頭し過ぎると，視野を狭め，

思い込みを強めることにつながる。したがって，情報モラル教育では，LINE
と，LINE でつながっている友人との適切な距離感，そしてその場にいない大
切な友人を思い浮かべてから行動する習慣を，段階的に身につけていくように
指導することが必要である。たとえば，スマホ画面の範囲を超えたやりとり全
体をプリントアウトして，振り返ってみる，発信・返信する前に 1 テンポ待ち，
自分の行動がもたらす今後の状況や他の友人への影響を考えてみるなどの取り
組みが有効であろう。

（6）おしゃべりを「やめる」方法をともに考え，共有させる

　LINE は，現実とつながった緊密な友人関係を拡張する目的で利用され，児
童生徒の間に急速に広まった。しかし，LINE での会話が現実に悪影響を及ぼ
さないよう，相手に気遣いを切らさずコミュニケーションし続ける緊張感は相
当なものだと想像される。田中・山口（2016）は，LINE グループなど閉鎖型
の SNS でよく起こる仲間はずし行為は，それをしなければ嫌な相手とのコ
ミュニケーションをやめられないことが一因であると述べている。SNS の機
能はつなぐことに特化されているため，コミュニケーションをやめるのは個人
の意思にまかされている。しかし，SNS で自分から会話を終わらせることは
大人でも気を遣う。社会性も発達途上であり，友人との親密さを最優先する子
どもたちにとってはタイミングやことばの選び方など迷ったり，わからなかっ
たりすることもあるだろう。

　そこで，つながり続ける交流を「うまく終わらせる」ための相手への伝え方
をみんなで考え，ロールプレイする SST，あるいは子ども同士の協働で「会
話を終わらせるルール作り」を行い，共有・実践する活動などで，互いに傷つ
けたり傷つけられたりするリスクを負うことなく，LINE での会話を終わらせ
られるようになることが望ましい。

（7）「無料」の意味に気づかせる

　子どもたちが，安易に個人情報漏洩や著作権侵害といったトラブル行為を侵

してしまう理由のひとつとして，無料で簡単に入手できたものだから，気軽に転送・転用してもかまわないという思いがあると考えられる。LINE の利用動機として「無料だから」が上位に挙げられたように，昨今の児童生徒や学生は対価やコストを避けようとする傾向にある。学生たちが辞書・文献を引かず，ウィキペディアから情報を切り貼りしてくることは多いが，この理由として，ウィキペディアの情報は無料かつ無断で簡単に入手できるのに対して，辞書には金銭的・時間的コストがかかることが背景にあると思われる。LINE 上のメッセージのやりとりも，それがおもしろいならば，別の友だちとつながるための無料のコンテンツとして，無断で悪びれずに利用してしまう。それが実情ではないだろうか。

　インターネットが社会の中で占める役割が巨大化した現在，われわれ利用者は情報社会の仕組みや利益構造と無関係ではいられない。LINE のようなコンテンツが無料で利用できるのは，企業などにインターネット広告を掲載してもらい，その広告料によってサービスの採算をとる仕組みが構築されているからである（インターネットサービスの主な収益源はインターネット広告である）。よって，LINE などインターネットサービスを利用するということは，知る知らざるにかかわらず市場原理に組み込まれ，消費者としての役割を担うことになる。このことを，子どもの発達水準に見合うかたちで提示して理解させ，子どもが情報行動を行う際の根拠とできるような取り組みが必要だろう。この点はメディア・リテラシーとの重なりが大きいため，情報（あるいはメディア）リテラシー教育とともに実施される必要がある。

引用文献

アエラ（2017）．LINE 返信が面倒すぎる！ 「未読スルー」の女子高生たち　https://dot. asahi.com/aera/2017081500021.html（2017年8月17日リリース）

boyd, d.（2014）．*It's complicated: The social lives of networked teens.* New Haven: Yale University Press. 野中モモ（訳）（2014）．つながりっぱなしの日常を生きる——ソーシャルメディアが若者にもたらしたもの　草思社

木村忠正（2016）．ソーシャルメディアと動画サイトの利用　橋元良明（編）．日本人の情報行動2015　東京大学出版会　pp. 143-179.

MMD 研究所（2015）．2015年版：スマートフォン利用者実態調査　https://mmdlabo.jp/investigation/ detail_1511.html（2015年12月14日リリース）

西川勇佑・中村雅子（2015）．LINE コミュニケーションの特性の分析　東京都市大学横浜キャンパス情報メディアジャーナル，*16*，49-59.

リスキーブランド（2017）．生活意識調査 MINDVOICE 調査生活者分析 SNS 利用者動向　http://www.riskybrand.com/topics/ report_170510.pdf（2017年5月10日リリース）

総務省（2017）．平成29年版情報通信白書　http://www.soumu. go.jp/johotsusintokei/whitepaper/ja/h29/pdf/index.html

鈴木朋子（2016）．中高生が LINE と Twitter を使い分けるワケ――なぜ彼女たちは個人情報を載せるのか　http://toyokeizai.net/articles/-/126274（2016年7月9日リリース）

高橋暁子（2018）．なぜ？LINE からも逃げ出し始めた若者たち――深読みチャンネル　読売新聞（YOMIURI ONLINE）　http://sp.yomiuri.co.jp/fukayomi/ichiran/20180117-OYT8T50016.html（2018年1月17日リリース）

田中辰雄・山口真一（2016）．ネット炎上の研究――誰があおり，どう対処するのか　勁草書房

若本純子（2016）．児童生徒の LINE コミュニケーションをめぐるトラブルの実態と関連要因――小学生・中学生・高校生を対象とする質問紙調査から　佐賀大学教育実践研究，*33*，1-16. http://portal.dl.saga-u.ac.jp/handle/123456789/122605

若本純子・西野泰代・原田恵理子（2017）．高校生の LINE いじめにおける加害・被害・傍観行動と心理的要因との関連――現実との連続性に注目して　佐賀大学教育学部研究論文集，*2*（1），223-235. http://portal.dl.saga-u.ac.jp/bitstream/123456789/123316/1/wakamoto-1_201708.pdf

渡辺弥生（2011）．子どもの「10歳の壁」とは何か？――乗りこえるための発達心理学　光文社

Wolak, J., Finkelhor, D., Kimberly, M., & Ybarra, M.（2008）. Online "predators" and their victims: Myths, realities, and implications for prevention and treatment. *American Psychologist, 63*, 111-128.

6章
情報モラル教育の実際
―― ネットいじめに対するSSTの実践

原田恵理子

はじめに

　ネットいじめやトラブルが起きた場合，予防，早期発見・対応，発生した時点からの改善・回復・再発防止までの一貫した支援の取り組みを，学校内の関係者がチームとなり，必要に応じて関係諸機関と連携した体制を構築し，個と集団に対するモラル教育を行うことが重要である。

　本書の章では，ネットいじめへの介入を行ううえで，他者の目を気にせず児童生徒が安心して話ができる学級環境にすること，そしてその環境を肯定的に受け止めること，役割取得能力を獲得し相手の立場に立ったコミュニケーションを通して仲間関係を構築し道徳不活性を低めること，がカギになると示されてきた。さらには，教員や仲間からのソーシャルサポートを得ることに加え，周囲の仲間からの同調圧力に屈せず，相手に共感しつつ他者を思いやり，自分に自信をもって行動することができるように支援することも重要とされている。つまりは，道徳，総合的な学習の時間など，すべての学校教育活動において，これらの視点に配慮しながら理論に基づいたモラル教育を発達段階にあわせて，教育課程に位置づけ，整備された組織体制の下で行うことが求められている。

　そこで本章では，国内外におけるさまざまな取り組みを紹介しながら，ネットいじめの予防を目的としたSST（ソーシャルスキルトレーニング）を事例で紹介し，導入から定着に至るまでの工夫について考えるとともに，組織体制

と専門家との連携といった支援体制についても考察したい。

1節　国内外におけるさまざまなネットいじめに対する取り組み

（1）国外におけるさまざまな取り組み

　子どもたちのネットいじめの広がりは，世界各国においても問題とされ，いじめ対策としてだけでなく心身のさまざまな問題を予防する教育として北米・欧州・豪州・東アジア各国でさまざまな対策を学校で行っている（山崎・戸田・渡辺，2013）。いじめ対策プログラムの多くは，学校や学級の単位で行われる認知行動主義に基づき，ネット環境における問題への対応も視野に入れながら集団としての社会性の醸成が問題を予防するとし，学校安全に関する立法やマニフェストによるバックアップを取り入れて実践されている（戸田・青山・金綱，2013）。ここでは，いじめ予防に国レベルで取り組むフィンランド，オーストラリア，イギリスを取り上げて紹介しよう。

　フィンランドでは，学校全体で取り組む指導案を有する包括的なカリキュラムである「KiVa（キバ）」(http://www.kivaprogram.net/) が導入されている。「仲間意識からの心理的圧力」「尊敬の念」など"感情"に焦点をあて，いじめ防止のためどう行動すべきかを授業形式で学ぶ「KiVa レッスン」，いじめの傍観者にならない方法などいじめが発生したことを想定し，その時の対処法をゲームで学ぶ「KiVa ゲーム」，バーチャルな学習環境で学ぶ「KiVa ストリート」があり，小学校1年，4年，中学校1年向けの3種類が用意されている。

　オーストラリアでは，ネット上における子どもの安全を守るための教育的プログラム（CyberQuoll：小学生用，CyberNetrix：中学生用，Bulling No way）がオンラインで公開された。学校にはインターネット上の安全に関するガイドブックやDVD付き指導案を配布，スマートフォン用アプリも作られ，保護者向けの情報ページや対処法もある（http://education.qld.gov.au/）。

　イギリスでは，"Know It All, Let's Fight it Together!" の DVD を開発し (http://www.childnet.com/)，国内すべての中学校・高校に配布している。その中に，「安全なネット利用・ネットいじめについて学ぶためのドキュメンタ

リー風ビデオと予防教育レッスン」の指導案やディスカッションのテーマ，クイズ，保護者用プログラムの"Know It, All for Parents"が用意されている。

このようなネットいじめ対策は，学校カリキュラムに対応して選定し，コミュニティ，学校，家庭の実態に合わせ検討して導入する必要がある。そして，これらのプログラムを日本で実践するには，文化や教育制度，学校・学級風土を考慮し，日本の子どもになじむように修正し，効果の検証が求められる。

（2）国内におけるさまざまな取り組み

では，国内におけるネットいじめに対する取り組みはどうであろうか。日本では，現段階で国が作成したプログラムは作成されていないが，道徳の授業を軸にして各教科，総合的な学習の時間，特別活動などで，すでに取り組みが始まっている。道徳の教科書の中でネットいじめやLINEトラブルをテーマに取り上げた内容，教育委員会によるネットいじめ予防対応マニュアルや事例集，教材や学習指導案の作成・提供，また学校・教員が児童生徒の実態にあわせて課題解決に向けた教材作成や民間企業による講演会等が行われている。

たとえば，千葉県教育委員会では，道徳教育映像教材（DVD）を作成して学校に配布している。映像教材（ドラマ）「手のひらの小さな世界」では，スマートフォンのメールのやりとりが題材にされている。ネット上と対面上のいじめが日常の連続上に生じる事例を通して，この時期に特有の複雑な仲間関係や生じる感情，他者からの評価など対人関係のあり方や自己肯定感について考察できる内容となっている。また，道徳教育のよりいっそうの充実を図るために，2013年から原則として高校1年生を対象に，「道徳」を学ぶ時間35単位時間程度を導入し，特別活動の時間を中心に総合的な学習の時間等，各学校の教育課程に適切に位置づけて実施することになっている。そのため，この時間にネットいじめの対応が可能となり，高校生にネットいじめやトラブルが多い現状を鑑みると，小・中からの連続した発達を考えると貴重な時間になり得るといえよう。

東京都教育委員会（2017）では，「SNS東京ルール」を定めて適切な利用の促進を推進しつつ，その補助教材として，LINE株式会社との共同研究プロ

ジェクトに基づき，SNS東京ノートを改訂した。小学校1・2年生用，3・4年生用，5・6年生用，中学生用，高校生用と発達段階に対応させ，話し合い活動を活性化するためにカード型教材や保護者が子どもと話し合うとともに保護者会等で活用できるよう保護者向けの啓発資料が取り入れられている。家庭のルールを決める割合が6割となりトラブルや嫌な思いを経験した児童・生徒の割合が減少（7％）したと成果の報告がされている。また，「考えよう！いじめ・SNS＠Tokyo」（http://ijime.metro.tokyo.jp/）では，スマートフォン用アプリと情報ウェブサイトでもいじめ防止とSNSの適切な利用やいじめの具体的なストーリーから解決方法を考えることが促されている。どちらも具体的な事例に即して，「なぜ」「どうして」といった問いだけでなく，感情の理解などを自分事として深めて考えることができるよう言語活動がていねいに取り入れられ，メタ認知の向上が期待できる。授業で使用するだけでなく，個別にも対応でき，さまざまな教育場面での活用が可能と考えられる。

　千葉県柏市教育委員会は大学を中心に民間会社と連携し，ネットいじめの早期発見と抑止力のための映像教材とワークシートを収録したDVDの教材「脱いじめ傍観者プログラム『私たちの選択肢』」を開発した。傍観者の立場に注目し，その視点に立って，ネットいじめを許容しない集団の雰囲気を醸成するための予防や解決方法を生徒が話し合い，考えることが目的とされ，これらのコンテンツを無料配布している（http://stopit.jp/workshop）。また，相談できない子に対するセーフティネット，さらには傍観者に対する解決策として，匿名で報告・相談できるアプリ「STOPit」が導入されている。

　以上のような教育委員会独自，あるいは産官民連携による取り組みは今後ますます実施されるであろう。そのため実際に学校で活用する際には，地域と学校，生徒の実態にあわせて活用の有無を検討して導入し，どのような効果があるのか，学校教育活動へどのように定着させればよいか等，検証が期待される。

2節　ネットいじめに対応する心理教育プログラムを活用した道徳教育

　すでに教育委員会を中心にさまざまな取り組みが提供されている以外に，学

校では理論に基づいたさまざまな心理教育プログラムを活用して，ネットいじめに対応する教育を道徳で行う取り組みが始まっている。たとえば，悪口の書き込みでのピアプレッシャーによる葛藤体験のロールプレイング法（木村・池島，2016），海外のいじめプログラムとの組み合わせ（伊藤・柴田，2017）や情報の授業内（井出・大島・橋本，2012）で取り組まれたアサーショントレーニング，市内の全中学校の生徒会執行部で「携帯ネットいじめ撲滅劇」を行ったピア・サポート（竹内，2010），道徳・特別活動・技術で横断的な授業を展開した傍観者介入教育（三戸，2017），ネットいじめの予防を含むソーシャルスキルトレーニング（小野・斎藤・社浦・吉森・吉森，2012；斎藤・小野・守谷・吉森・飯島，2011；原田，2014ほか）などである。

　本章では，3章4節（3）で紹介されたSST（52頁）を取り上げ，道徳教育におけるSSTの意義と理論，そして，実際に筆者が介入したネットいじめを含む道徳で行ったSSTの事例を紹介し，プログラムの定着に向けた観点からポイントを述べる。

（1）道徳教育におけるSSTの意義

　スキルトレーニング的な手法はこれまでの道徳教育で敬遠され，深い思考や哲学的な問いをともなわない表面的な行動の形成は道徳教育に適さず，トレーニングといった訓練とは異なるという理由が指摘されてきていた（原田，2017）。しかし，道徳の時間にSSTを実施すると考えたとき，道徳教育でめざす道徳的な判断力，心情，実践意欲と態度は，心理学でいう道徳的な認知（判断），感情，道徳的行為の基盤となる動機づけや態度ととらえられる。道徳的行動の獲得をはじめ，モラルについての思考を育てる認知発達理論，なかでもSSTは，相手の立場を思いやった行為の発達を促進する方法として非常に有効である（3章参照）。また，特別活動や総合的な学習の時間で探求力や体験活動，コミュニケーション力などの育成がめざされていることに加えて，道徳の教科化の中でいじめ対応や情報モラルの醸成がSSTの目的とも合致している。

（2）ソーシャルスキルトレーニング（SST）

　SSTは，対人関係を開始し円滑に維持していくことを目的に，対人関係を維持していく「何か」をソーシャルスキルという概念でおさえ，具体的な行動を身につけることがめざされている。そして，対人関係がうまくいかない原因を，ソーシャルスキルについて，①知識が不足している，②誤った知識を学んでいる，③知識はあるが，恥ずかしい，自信がないということから行動にうつせない，④知識もあり行動もできるが，状況を把握できないことで不適切な行動になる，とする。これらの原因に応じたかかわり方を，①知識不足を補い教えてあげる，②誤った知識を消去し適切な知識を学ばせる，③低い動機づけの状態には成功経験や体験不足が推測されるため，機会を与えてほめることで自信をもたせる，④その状況での行動の結果をモニターできるように導く，といった原因に応じた対応を行うことが重要だとした。このソーシャルスキルは，仲間から受容されること，行動的に定義されること，社会的な妥当性をもつことが基準とされ，自己及び他者に価値ある方法で相互作用する能力や文化的，社会的に受け入れられる対人目標に向かって自己の認知及び行動を統合させる能力などととらえられ，社会的コンピテンスに含まれる概念として，レジリエンスと関連性がある（小林・渡辺，2017）。そのうえで，SSTはイントロダクション，モデリング，リハーサル（ロールプレイ），フィードバック，ホームワークといった流れの中で不適応なパターンを消去し，学習によって適応的なパターンを身に付けさせることがめざされている。

　なかでも「ロールプレイ」は，言語的な教示を児童生徒に与え，モデルが行動を示した後に日常生活のある状況を現実であると想定させて役割演技をするように求め，できるだけ普段の自分がとる行動を変容させて新しい行動を試みるように促す役割をもっている（渡辺，2002）。これについては，自分と他者の視点の違いを認識して他者の立場から他者の欲求や感情，思考，意図などを推測し，社会的な観点から判断する能力とされる役割取得能力（Selman，2003；渡辺，2011）の獲得につながる。高校生になると自己中心的思考が低下してさまざまな視点を理解できるようになり，多角的な視点が存在する中で自分の視点を理解でき，相手の立場や世界を認めることができるようになる

（Selman, 1976；渡辺，2011）。その一方で，社会への順応は困難で，過度に低い目標基準を設定して努力せず否定的な自己評価を課し，さらには他者からの評価をまったく気にしない場合は視点取得が低くなり，他者とつながる動機づけも低められてしまう（Gilman, Rice, & Carboni, 2014）。このような状況になると，思いやりのある行動ができなくなり，いじめやトラブルに発展することにもなりかねない。

　また，モデルによる特定の社会的行動を観察する学習である「モデリング」は，特定の行動のやり方と行動の目標の関係に焦点があてられており，攻撃行動の抑制や思いやり行動を学習するうえで役に立つ。さまざまなモデルの活用，モデルと学習者の年齢や性別等の類似性，モデルが示した行動を練習する機会の提供が効果的であり（Gresham & Nagle, 1980），身近な大人や大学生（本事例では教職課程の学生）をモデルに活用することは非常に意義がある。

　さらに，ネット上と対面上のいじめは質的には異なるが，体系化された思考は多様なジレンマに対して一貫性をもつことがわかっている（Selman, 2003）。そのため，認知行動療法に基づく SST を通して身に付けたモラルの思考は，ネット上と対面上におけるいじめに対応できるスキルを学べる可能性がある。そのようなことを背景に，これまでのネットいじめの予防を含む SST の研究では，ソーシャルスキル，感情のコントロール，自尊心，引っ込み思案行動，攻撃行動，共感性，役割取得能力（原田，2014；原田・矢代，2013；原田・渡辺，2014ほか）[注1] 等に対する効果が明らかにされている。

（3）チームで行う継続的実施によるネットいじめを含む SST

　ここで，高等学校の道徳の時間に行った 1 年生全学級 8 クラスを対象に 8 年間継続している SST[注2] の実践を紹介する（表 6 - 1）。

1）実践例

　1 年目～ 2 年目（黎明期／誕生期）：教育相談係 A が，生徒の対人関係の未熟さやネット上および対面上のトラブルを危惧したことを契機に，相手の気持ちを汲み取ったコミュニケーションができ，そして 3 年生の受験期にあたた

表6-1　SST実施における変遷

時期	年数	内容	テーマ・ターゲットスキル	コーディネーター	実施における工夫
黎明期　誕生期	1年目	講演会「人間関係づくり～ソーシャルスキル～」		教育相談係A	生徒・教師が共に学べる「ソーシャルスキル」「高校生の発達特性」「道徳性」に関する内容
	2年目	講演会「人間関係づくり～ソーシャルスキル～」		教育相談係A	
萌芽期	3年目	ネットいじめの対応を含むSST	ソーシャルスキルとは（ガイダンス）・考えと気持ちを伝えるⅠ（コミュニケーションとは）・コミュニケーションⅡ（聴く）・感情のコントロール・共感	教育相談係A	学生TA5学級と学生授業者・教員TT3学級，ガイダンスでいじめの心理を取り上げる，TAによる個別支援，授業後に学年会で教員・TAで振り返り
	4年目：千葉県高等学校道徳の授業導入初年度		ソーシャルスキルとは（ガイダンス）・考えと気持ちを伝えるⅠ（コミュニケーションとは）・コミュニケーションⅡ（聴く）・感情のコントロール・共感する	教育相談係A・教育相談主任B	ガイダンスでいじめの構造やネットいじめの実態を取り上げる，担任のみ2学級（聴くスキルのみ学生TA希望1学級）と学生TA4学級・教員TT1学級と学生授業者・教員TT1学級
成長期	5年目		ソーシャルスキルとは（ガイダンス）・考えと気持ちを伝えるⅠ（コミュニケーションとは）・コミュニケーションⅡ（聴く）・怒りの感情のコントロール・あたたかい言葉かけ	教育相談係C・道徳推進担当教員B	LINE等のSNSのトラブルをモデリング・ロールプレイに取り上げる（聴く），学生TA6学級と学生授業者・教員TT2学級
	6年目		ソーシャルスキルとは（ガイダンス）・考えと気持ちを伝えるⅠ（コミュニケーションとは）・コミュニケーションⅡ（聴く）・怒りの感情のコントロール・相手を思いやる	道徳教育推進教員D・学年道徳担当B	学生TA6学級と学生授業者・教員TT1学級，コーディネーターを中心とした授業準備
確立期	7年目		ソーシャルスキルとは（ガイダンス）・考えと気持ちを伝えるⅠ（コミュニケーションとは）・コミュニケーションⅡ（聴く）・怒りの感情のコントロール・相手を思いやる	道徳教育推進教員D・学年道徳担当B	学年・学級・個別の3段階による支援を取り入れたSST，教員と学生TAで全学級実施，コーディネーターを中心とした授業準備と事前研修
発展期	8年目		ソーシャルスキルとは（ガイダンス）・考えと気持ちを伝えるⅠ（コミュニケーションとは）・コミュニケーションⅡ（聴く）・怒りの感情のコントロール＊天候により4回の実施に変更	道徳教育推進教員B・学年主任E	教員研修用ビデオ校内設置（eラーニング），感情教育を含めた感情のコントロール，教員と学生TAで全学級実施，コーディネーターを中心とした授業準備と事前研修，自主勉強会

コーディネーターの人物のアルファベットは同一人物

かな仲間関係が構築できるよう，さらにはさまざまな学校教育活動に反映できるように生徒の実態や発達段階にあった学校独自のプログラムを定着させたいという願いから，筆者に介入の依頼があった。プログラムの定着に向けて，教員がプログラム実施に関心や意欲をもつよう，1・2年目は1学年教員も参加する「高校生の友人関係とソーシャルスキル」に関する筆者による講演会を1年生対象に行った。

　3年目（黎明期／萌芽期）：道徳の授業が1年生に導入されるちょうど前年で，その準備を兼ねたSSTを10月中旬から11月にかけてロングホームルームで5回実施した。筆者は，コーディネーターとコンサルテーションを行い，アセスメントに基づいてターゲットスキルを選定し，年間指導計画に合わせてSST実施に向けた学習指導案とワークシート，教材を作成した。なお，授業において教職課程学生のTA（Teaching Assistant）を各クラスに配置し，必要に応じて授業者として教員を支援することも可能とし，極力，担任教師の負担を軽減する授業実施が確保された。そのため，校内体制は校長及び管理職の了解のもと，教育相談Aが筆者に連絡調整，学年教員への助言やとりまとめを行った。教育相談Aは，教育相談や心理教育の知識をもち，校内教員と連携を円滑に行う経験豊かな教員であった。

　4年目（黎明期／萌芽期）：「道徳」の授業が1年生に導入される1年目，校内全教員がSSTの実施理解をしている組織体制のもと，筆者のコンサルテーションと教職課程の学生をTAとするSSTが計画・実施され，支援体制が構築された（図6-1）。なかでも，研修の充実化を図ることで，若手を中心にSSTの授業ができる教員を増やし，どの学年にもSSTができる人がいるよう人材育成もめざされた。同時に，安心して学び合う環境の提供で同僚性を向上させ，学校環境を安心安全に，そして肯定的に評価できる教員の意識や風土の醸成により，教員間におけるSST実施に向けた意欲と定着に向けた引き継ぎ体制も整備された。

　5・6年目（成長期）：前年度から引き継がれた実践の課題に基づいて，道徳教育推進担当教員BがSSTの指導案やワークシートを修正し，学校独自のプログラムがほぼ完成した。同時に，校内の研修体制が組織化された体制の中でコーディネーターのBが中心となって実施計画・運営が行われた（表

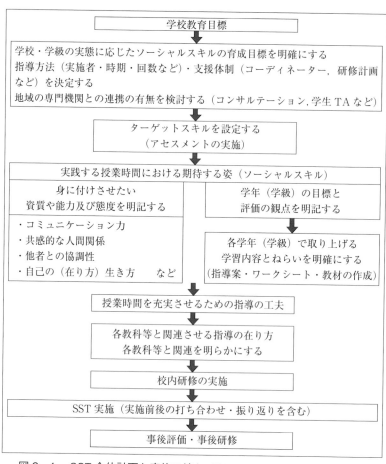

図6-1 SST全体計画と実施の流れ (渡辺・原田, 2015を一部修正し引用)

6-2)。アセスメントに基づく生徒の実態を把握した学年特性に応じたプログラムの工夫を把握するための研修や自主勉強会は，教員間の同僚性を高め，TAとも意見交換しながら授業を作り上げていく流れができた。6年目には，教科「情報」でリテラシーやモラルを，道徳では心理発達的な観点からモラルをSSTで学ぶといったカリキュラムが組まれた。そしてこの頃になると教員異動があっても，学年教員の中に必ずSST経験者がいるようになっていた。その教員が実践効果や意欲関心を同僚に語り，経験がない・不安が高いといっ

6章　情報モラル教育の実際

表6-2　SSTの実施に向けた構築された研修体制（渡辺・原田，2015を一部修正し引用）

6〜7月　1　SST図書の配布（事前の個人学習として1人1冊の図書を配布）

7〜9月　2　教員研修（学校行事との兼ね合いで調整，外部専門家による1回の研修）
　①学年や学級における課題や問題（いじめ，不登校，LINEトラブル，共感性の低さなど）に共通する「社会性の未熟さ」「コミュニケーション力の不足」といった問題提起を行いつつ，アセスメント結果を共有する。
　②SSTを学校（学年集団，学級等）で行う意義を伝え，実施に向けたモチベーションを高める。
　　例）これまでの実践の成果や授業の様子，実施経験者の感想などを共有する，不安や緊張が高い・実施へ抵抗がある教員にできる範囲で授業実施に参加すればよい（学生TA，TT，参観など）
　③ソーシャルスキルとSSTの理論のポイントを確認し，SSTの流れ（インストラクション→モデリング→リハーサル→フィードバック→ホームワーク→般化）を説明する。
　④SSTの体験（模擬授業）を行う。
　⑤学校教育活動全体を通して援用できるSSTの活用方法や定着化に向けた取り組みについて紹介する。
　　例）授業中の「聴くスキル」，行事前準備の班活動における「コミュニケーションスキル」など
　⑥質疑応答の時間を設ける。
　　例）SSTに対する批判的側面については，専門家（SCも可）の見解を踏まえ，ていねいにわかりやすく説明する。
　⑦SSTに自主勉強会への参加を促したり，教員用研修ビデオ（過去のSSTの実践）を紹介する。

10〜11月　3　実施の事前・事中・時後の研修
　①SST実施前の1週間以内にコーディネーター主催による自主勉強会を行う。
　　例）この他に，参加できない，不安が高い，授業の流れが把握されていないと判断された教員は，コーディネーターが個別に時間を設けて支援する。
　②実施しているSSTを校内の教員が誰でも参観できるようにする。
　③SSTの授業後に学年会を設けて授業評価を行い，それに基づき，次回授業のポイントを確認しつつ実施の流れを共有する。
　　例）その後，担任と学生TA，といった授業者が役割分担や授業・教材の工夫を検討する。
　④SSTの授業ビデオを教員がいつでも，だれでも見ることができるように校内PCに設定する。

た教員に対して助言する環境の中，若手教員も自信をもって取り組む姿があった。この段階から，2・3年生のSSTの取り組みや学んだスキルをどのようにつないでいくかといった意見が教員から挙がり，継続した支援が検討され，

99

行事などでスキルトレーニングが行われるようになった。

7年目（確立期）：この年より，授業者は担任教員，教職課程の学生あるいは副担任が TA というペアの授業が固定し，教職課程の学生の学校教育体験活動の一環として大学と高校が連携する体制が確立した。同時に，SST の経験がない教員の支援と研修を学年道徳担当 B が，前任者から全体のとりまとめと筆者との連携，経験者は指導案やワークシート，教材，授業の工夫の検討を道徳推進担当教員 D がするといった分担で SST が運営された。担任教員からは学級の実態に合わせて板書や掲示物やイントロダクションにおける教師の語り（モノローグ）などの工夫が提案され，そして，学年全体におけるトラブルや遅刻・欠席回数，気がかりな生徒といったように学年全体を俯瞰した支援が行われた。

8年目（発展期）：SST の定着にともない，さらに教員のスキルを高めるための研修の充実がめざされた。実践された SST を基に研修ビデオを作成して教員が学校で自由に見ることができるよう校内 PC にビデオが設置された。さらに，道徳教育推進教師 B が中心となって模擬授業を中心とした自主勉強会が学校（教員）から主体的な活動が行われた。そして，学年主任 E は，筆者との連携調整を担当しつつ，教員へ励まし認める肯定的なフィードバックを積極的に行った。また，校長から保護者に SST の実践を HP で紹介する等，学校の組織体制がより頑健に構築された。同時に，校長および管理職，教員の異動があっても SST は引き継げる体制が整った。

2）組織と支援体制

教育課程に SST を位置づけ，校長や管理職の指示のもとで SST の実施が決定され，コーディネートの教員が変わっても引き継ぎにより，実施できる組織体制が構築された。なかでも，道徳の年間授業計画を学校行事や各教科の学びと連携させながら，SST の授業や研修をいつ・誰が・何を目的に実施するのか等具体的に計画することが重要になってくる。実施年度前の3月に学校と筆者が年間計画の概要を確認し，4月早々に全教員が職員会議で SST の実施を共有し，実施学年の職員会議で共通理解が図られた。7月にアセスメントを実施し，結果がわかると教員研修が行われ，SST の実施の意義とねらい・目的，

ターゲットスキルの選定，学習指導案や教材の修正がなされた。9月に入ると教材やワークシートをコーディネーターが学級分用意し，同時に，担任は個別及び学年で研修を行った。10月中旬，1週間前になると，学年主任やコーディネーターが個別に担任をねぎらいつつ実施の最終確認をし，当日の授業前にTAと事前打ち合わせ，授業後は全員で授業の振り返り及び次回授業の打ち合わせを行った。この間，学年主任とコーディネーターはコンサルテーションを行う筆者と必要に応じて連絡を取り合い，同時に，授業者の労をねぎらい，また，モチベーション維持のための声かけなど教員の支援を行った。このような組織と支援体制の構築が，それぞれの役割を明確化し，SSTの運営・実施が円滑に行われた要因になったと考えられる。

3）実践の工夫

SSTを定着させるためには教員が強制で授業をさせられるのではなく，必要性を感じ生徒のためにやろうという意欲が重視される必要がある。本事例では，導入前に年1回の「コミュニケーション」に関する講演会を実施するという地ならしがされた。この内容を聴講する教員にはSSTの研修を兼ねるものとし，そして，道徳の授業が必修となる前年には「来年度に向けて先駆けて行うSST」がスタートした。この導入期では，抵抗感の強い教員はTAが授業をする形態も認められ，負担の軽減も配慮されていた。3年目になると「1年担任は道徳の授業でSSTをする」という認識が教員間に浸透し，次年度に1年生担当を予測する教員は授業を参観・TAで参加といった動きが出てきた。これについては，コーディネーターが，教員の不安な気持ちを支え，また実施に向けたモチベーション向上の働きかけを行い，とくに若手教員には，「これから絶対に必要になるスキル。やる機会に恵まれてラッキーだね」など，肯定的フィードバックが与えられていたことが大きい。また，教員をめざす学生TAとの授業の振り返りや打ち合わせは，教員の研鑽意欲を高め，学年間の教員でも授業の感想やアイデアを伝え合うようになり同僚性が高まることになった。結果としてこの教員間のあたたかい関係性が生徒にも伝わり，学校・学級に安心・安全感をもたらすことになった。

このように，教員の意欲を高めたのは実施において支援体制が整備され，ア

セスメント結果を共有しつつ SST の授業の研修を行い，また，理論に基づいた授業の工夫や在り方を検討し，学校（学年）特性に合わせて実施したことにある。これが，教職学生の TA 配置，モデリングの示し方，個別支援，ロールプレイのサポートなど教員の授業支援にもつながった。また，クラスの実態に合わせたモデリング例やワークシート等を担任と TA が検討して工夫し，個別支援の必要がある生徒の情報を共有するなど，積極的介入にも発展したことは大きな成果であった。

なお，本事例における SST は，原田・渡辺（2011）が基礎となり，渡辺・小林（2009），渡辺・原田（2015）で指導案とワークシートがまとめられている。詳細はそちらにゆずるが，指導案の一部を付録として掲載する。

４）実践による学校の変化

それでは，SST の実践を 8 年間継続することによりどのような変化があったのであろうか。学校・教員・生徒を対象にその変化をまとめてみる。

学校の変化

8 年目となる平成29年度には，教育目標の実現に向けた学校活動を展開するために，学校経営方針の基本方針の 1 つとして，「自律と共生の心を育成するために予防的・開発的心理教育の実践」を設定するまでに至った。それを踏まえて，重点的な教育指導の取り組みに「特別活動指導：ア．心理教育に係る予防的・開発的プログラムを推進する。イ．明確な目標とその実現に向け課題，困難を解決する力を涵養する」「学校外との連携：イ．『地域とともにある学校づくり』の一層の推進を図る」を掲げ，この内容を校長が新年度早々の職員会議で明言し，共有を図っている。そして，重点目標達成のための具体的な取組事項と主担当や実施時期を明示している。SST はその中で，「HR 活動，総合的会学習の時間及び道徳の時間を機能的に連動させ，SST 等を効果的に実施する」とし，主担当を道徳教育推進教諭，人権委員会，各学年の道徳担当とし，通年実施で組織化された。つまり，学校として，SST を学校教育目標にあわせて教育課程に位置づけ，さらには組織化して実施することを校長のリーダーシップのもと，全教員に行うことが明確にされたのである。

教員の変化

組織的な教育活動を展開するために教員が連携して職務にあたり，またその実施のため指導力の向上に努めるという自覚と姿勢をもつようになった。研修への積極的な参加や生徒支援を教員間でコンセンサスを取る機会が増え，同僚性も高まったようである。さらには，エビデンスに基づく心理教育の意義を理解し，アセスメントの重要性や学んだスキルの定着や般化を意識した授業や学校生活での活用もなされていた。これについては，「指導案や研修がていねいで，初めてでも不安はありませんでした」「自分なりにワークシートを作って行いました」といった教員の感想からもうかがえる。また，「思いのほか生徒が楽しみながら，活動することができていたように思います。私も楽しめました」「生徒が講義のときは静かに集中しており，エクササイズのときは盛り上がっていました。生徒のコミュニケーション不足が解消されるいい機会でした」と実施に対する満足感と同時に，「すぐに成果が出ない生徒もいるが，継続することが大事だと思いました。2・3年生でも継続的に行っていけるかが課題だと思います」といった前向きで具体的な意見が述べられている。

生徒の変化

アンケートを生徒に実施したところ，授業後に変化や影響はとくにないと回答した生徒が約1割いたものの授業を終えて学んだスキルのポイントを意識するようになった傾向であった。授業に消極的な気持ちをもつ生徒は，「人と話すことが苦手で好きではなかったが少しだけがんばってみようと思えるようになった」「自分はコミュ障（コミュニケーション障害）だから正直やっているときはしんどかったけど性格のせいじゃなくて経験によってうまくなるという考え方はなるほどと思った」といったように考え方の視点が広がったようである。多くの生徒は，「相手の立場に立って物事を考えるようになった」「スキルを意識して人の気持ちを考えて会話するようになった」「友だちとうまく話せるようになった。話が続くようになった」「自分の気持ちを客観的にみられるようになった」と肯定的な意見をもち，今後に活かしたいという傾向にあった。これら生徒の様子に対して，教員は肯定的な評価をしており，いじめ予防につながったと受け止めている。

3節　ネットいじめの対応に向けた心理教育の定着のポイント

以下にネットいじめに対するSSTの定着に向けた取り組みの要点を示す。

①管理職のリーダーシップ：導入段階におけるSSTに対する管理職の考えが非常に重要になってくる。8年間で校長が3名，コーディネーターが4回（3名）変わり，当然，教員異動もあるなか，「誰が」「いつでも」「どこでも」実践できるよう，管理職は学校教育目標に従ってSSTを実施する意義とその理解をもって教員へ実施の指示をしていた。これにより，コーディネーターと学年主任を中心とした実施のためのチームが構築でき，指導力向上や支援体制を保障すべく，代々の校長・管理職にこれらの内容が伝達され，環境が保障されていた。つまり，学校長および管理職のリーダーシップのもと，SSTの実施が学校教育活動として道徳の授業で位置づけられ，年間指導計画に基づき設計（カリキュラムマネジメント）され，ファシリテーター等役割分担が明確になっていたのである。

②校内支援体制づくり：コーディネーターが中心となり，学年職員と外部専門家（本事例では大学教員と教職課程の学生）をつないでチームとなり，事前準備の段階（実施年度前の春休み）から連携が行われていた。外部専門家のコンサルテーションを受けながらアセスメントに基づいて学習内容や指導方法（ターゲットスキル選定やその獲得に向けた工夫，個別支援など），評価・計画，教科「情報」におけるリテラシー教育や学んだスキルを各教科の授業で活用する等がエビデンスに基づいて細やかに組織化されていた。それぞれの役割を明確にした支援体制の構築と運営は，実践をするうえでも教員にとって安心な環境になったと考えられる。

③コーディネーターのファシリテート力：組織が機能的に動いて効果的な教育をするためには，実施に対するニーズを把握し，実施する集団を決定してその集団の課題を統合して，プログラムの内容を企画立案し，実際の展開をリードする力が求められる。つまり，コーディネーターの「ファシリテート力」が重要になってくる。組織や教員の状況を俯瞰してとらえながらSST全体を動かし，一方で担任や生徒の状況を細やかに把握し支援するバランス性が求めら

れる。たとえば，SST 全体の運営・管理の責任者となる，その集団やグループといったプロセスの観察者・援助者になる，SST の実施スケジュールを管理する，研修の講義および実践の指導あるいは研修のコーディネーターを担う，実施者のつまずきを支援し労う，必要に応じて教材を作成・準備する，といったことである。本事例においてもその存在が成功のカギになっていることは間違いない。

　④専門家との連携（チームとしての学校）：本事例は高等学校がある地域の大学と連携し，心理学の専門家である大学教員がコンサルテーション，教職学生が TA と役割を明確にし，「チーム」で授業を運営・実施している。アセスメントにおける質問紙データの分析，補助スタッフとしての TA 配置など，学校ができない役割を専門機関が補完することで，教員の負担の軽減につながるうえに，協働実施が生徒の学びの環境をより充実させる。校内にスクールカウンセラーがいる場合は，スクールカウンセラーがその役割を担うとよいであろう。

　⑤教員研修：より効果的な実践力と教員の質確保のためには研修システムが重要になる。研修は，事前に生徒の実態の把握と実施の意義，SST の理論とその体験，模擬授業およびモデリングのリハーサル，事後は授業を振り返って評価し，課題を検討しつつ次回の授業や日常生活の般化につなげることを共有する。その際，研修担当者は，公平な立場から話し合いや実践のプロセス（流れ）に介入してファシリテーションを行うことが求められる。そのポイントは，発言を促す，話の流れを整理する，参加者の認識の一致を確認する，合意形成や相互理解をサポートする，その場を活性化させるなどである。組織化された研修は，スキルアップだけでなく同僚性を高める実り多きものになろう。

さいごに

　ネットいじめやトラブルに対する情報モラル教育の実践は，児童生徒自身が課題意識をもって積極的に参加することが重要である。それには，学校で実践する意義を明確にし，校長や管理職のリーダーシップのもと教職員がチームを組んで準備し，校内支援体制を整備することが肝要である。定着のためには，実施を通してファシリテーターや教員のスキルも向上させ，教師間の壁を越え

た同僚性の高い雰囲気の中で話し合える，学び合える環境をもつことも重要で長期的視野で取り組む必要がある。さらには，教員養成のなかでもモラル教育や心理教育の理論と実践のスキルが学べるようにしていくべきであり，教員を支援していく仕組みの確立が求められる。同様に，スクールカウンセラーについても実施に向けたアセスメントやコンサルテーションができるように養成したり，個人で研鑽する必要があるだろう。とくに，学校内の活動をそれぞれ別のものとして考えるのではなく，他教科や学校教育活動を有機的につなげる「考えるしくみづくり」や，各学年ごとに学年進行とともにつながっていくようなカリキュラムをも考えていくことが求められる。

注

1）日本学術振興会科学研究費 基盤研究（C）［課題番号：20623961］，公益財団法人日本科学協会平成24年度笹川科学研究助成，JSPS 科研費26380913により実施された調査内容を含む。
2）SST の授業では千葉県立千葉南高等学校の先生方，生徒の皆さん，TA では東京情報大学教職課程の学生の皆さんにご協力いただきました。ここに記して感謝を申し上げます。

引用文献

Gilman, R., Rice, K. G., & Carboni, I. (2014). Perfectionism, perspective taking, and social connection in adolescents. *Psychology in the school, 51*(9), 947-959.

Gresham, F. M., & Nagle, R. J. (1980). Social skills training with children: Responsiveness to modeling and coaching as a function of peer orientation. *Journal of Consulting and Clinical Psychology, 48*(6), 718-729.

原田恵理子（2014）．学年全体を対象としたソーシャルスキルトレーニングの効果の検討 東京情報大学研究論集，17(2)，1-11.

原田恵理子（2017）．道徳教育の方法論的基礎　内海崎貴子（編）教職のための道徳教育 八千代出版

原田恵理子・矢代幸子（2013）．ネットいじめの予防を目的としたソーシャルスキルトレーニング　日本教育心理学会第55回総会大会論文集，61.

原田恵理子・渡辺弥生（2011）．高校生を対象とする感情の認知に焦点をあてたソーシャルスキルトレーニングの効果　カウンセリング研究，44(2)，81-91.

原田恵理子・渡辺弥生（2014）．高校における総合的な学習の時間・特別活動をつなぐ包括的SST　日本教育心理学会第56回総会大会論文集，819.

井出智子・大島　聡・橋本　徹（2012）．アサーション技法を用いた「情報モラル」育成プログラムによる情報伝達の意識改善に関する効果　日本教育工学会論文誌，*36*, 201-204.

伊藤文一・柴田悦子（2017）．「いじめ防止プログラム」導入に向けて（1）――ダン・オルヴェウスいじめ防止プログラム（ノルウェー）をもとに　福岡女学院大学紀要人文学部編，*27*, 129-162.

木村友美・池島徳大（2017）．いじめ防止の視点に立つ道徳の時間の指導と効果に関する研究　奈良教育大学教職大学院紀要「学校教育実践研究」，*9*, 31-39.

小林朋子・渡辺弥生（2017）．ソーシャルスキル・トレーニングが中学生のレジリエンスに与える影響　教育心理学研究，*65*, 295-304.

小野　淳・斎藤富由起・社浦竜太・吉森丹衣子・吉森梨乃（2012）．中学校におけるサイバー型いじめ予防と心理的回復を目的としたソーシャルスキル教育プログラム開発の試みその3：協働的プログラムによるフォローアップ研究　千里金蘭大学紀要，*9*, 21-28.

斎藤富由起・小野　淳・守谷賢二・吉森丹衣子・飯島博之（2011）．中学校におけるサイバー型いじめ予防と心理的回復を目的としたソーシャルスキル教育プログラム開発の試みその2：日本の教育現場に適したサイバー型いじめ対策の実践　千里金蘭大学紀要，*8*, 59-67.

Selman, R. L.（1976）. Social cognitive understanding. In T. Lickona（Ed.），*Moral development and behavior*（pp. 299-316）. New York: Halt.

Selman, R. L.（2003）. *The promotion of social awareness: Powerful lessons from the partnership of development theory and class room practice.* N.Y.: Russell Sage Foundation.

竹内和雄（2010）．市内中学校生徒会執行部で取り組むピア・サポート実践研究――大阪府寝屋川市中学生サミット「携帯ネットいじめ撲滅劇」を中心に　ピア・サポート研究，*7*, 19-27.

東京都教育委員会（2017）．「SNS東京ルールの成果」と今後の取組について　補助教材「SNS東京ノート」の改訂等　http://www.kyoiku.metro.tokyo.jp/press/2017/pr170323d.html

戸田有一・青山郁子・金綱知征（2013）．ネットいじめ研究と対策の国際的動向と展望　一橋大学〈教育と社会〉研究，*23*, 25-35.

三戸雅弘（2017）．中学生によるネットいじめの対策プログラムの在り方――観衆・傍観者からの仲裁者への変容を促す実践を通して　授業実践開発研究，*10*, 39-47.

山崎勝之・戸田有一・渡辺弥生（2013）．世界の学校予防教育　金子書房

渡辺弥生（2002）．VLFによる思いやり育成プログラム　図書文化社

渡辺弥生（2011）．子どもの「10歳」の壁とは何か　乗り越えるための発達心理学　光文社新書

渡辺弥生・小林朋子（2009）．10代を育てるソーシャルスキル教育　北樹出版

渡辺弥生・原田恵理子（2015）．中学生・高校生のためのソーシャルスキル・トレーニング　明治図書出版

道徳学習指導案

千葉県立千葉南高等学校

1　日　時　平成29年11月20日（月）第6時限（14:20〜15:10）
2　場　所　第1学年各教室
3　単元名　ソーシャルスキルトレーニング④　「感情（怒り）をコントロールするスキル」
4　教　材　ワークシート　テキスト『中学生・高校生のためのソーシャルスキル・トレーニング』明治図書出版
5　授業のねらい
　（1）普段の自分自身がもっている感情（怒り）の存在に気づく。
　（2）自分の感情に気づき，コントロールすることの大切さについて学ぶ。
6　展開

	学習および活動	指導上の留意点
導　入 15分	**1　今までの振り返りと導入** 　⑴　5つのルールを確認する。 　⑵「話すスキル」「聴くスキル」について復習する。 　⑶　感情とは？ **2　自分の感情への気づき** 　⑴　最近イライラすることや怒りを感じたことがあるかを尋ね，自分自身の感情やその時の状態を確認する。 　⑵　エネルギーとフィーリングの位置（感情のムードミーター） 　⑶　モデルを見せ生徒に客観的な印象を考えさせる。 　◎部活に遅れる 部活が始まる前に準備をする係だったが，先生から急に頼みごとをされたため，準備に遅れてしまった。 そこでの友人との会話 モデル①（怒って）「ねえ，部活の準備をするって言っていたのにどうしたの？」 モデル②（冷静に）「部活の準備をするって言っていたのにどうしたの？」	復習の時間は間延びしないようにする。 「喜怒哀楽」の熟語を使い感情にはさまざまあることを確認する。 うれしい，楽しい，悔しい，悲しいなどさまざまな感情があるが，今回は「怒り」に焦点をあてることを伝える。 ＊教師（TA）がモノローグを語る。 「話すスキル」「聴くスキル」を使ってグループでお互いの話を聴く。何人かの生徒に尋ねながら進めてもよい。 感じた怒りをそのまま相手にぶつけるのは，逆に相手の怒りを誘ってしまい，関係を悪くすることに気づかせる。 ＊伝えた言葉①②の場合について，感情のルーターで解説してもよい。

108

6章 情報モラル教育の実際

展開 25分	3 「怒り」の感情をコントロールできない ことによる弊害を考えさせる。 　感情をコントロールできないと，自分自 　身が傷つくこともあることに気づかせる。 4 怒りの正体を知る。 　「怒り」の下にある一次的な感情を確認 　する。 　怒りの下にはさまざまな一時的感情があ 　り，怒りが二次的な感情であることを確 　認する。	「怒り」という感情が誰でももつ 感情であり，怒りの感情をもつこ とが悪いことではない。負の感情 は，相手への伝え方次第でトラブ ルの要因となることがあるのでど のように処理するかが大事である ことを伝える。
展開 25分	5 怒りをコントロールするための代表的 な方法を紹介する。 　① 深呼吸 　② 間をとる 　③ その場から離れる 　④ 相手に気持ちを伝える 　⑤ その他 6 エクササイズ 　(1) 2の最近の怒りを感じた状況をもう 　　　一度思い出し，実際にやってみる。 　(2) ワークシートを記入させ，一次的な 　　　感情に気づかせ，コントロールの方 　　　法を確認する。 7 まとめ 　以下の2つが大事であることを確認する。 　(1) 怒りの下にある自分の感情に気づく。 　(2) 自分に合った感情のコントロールの 　　　方法を知り，使えるように練習する。	ほかに，生徒が実践している方法 があれば共有する。 すでに感情のコントロールができ ている生徒がいればほめる。また， できている生徒でも別の方法を知 り，自身の幅を広げさせる。 とくに④の相手に気持ちを伝える ことは難しいのでTAにモデル をやってもらう。「感情はぶつけ るものではなく，伝えるもの」と いうことを確認させる。 感情（怒り）をコントロールする スキルを身につけることがなぜ大 事なのか確認する。 練習が大事であることを強調する。
まとめ 10分	8 振り返り 　振り返りシートに記入させる。	授業の内容を簡潔に振り返る。 「怒り」は誰にでもある感情だか らこそコントロールする練習が必 要であることを強調する。

作成者　千葉県立千葉南高等学校　佐藤美和

資　料

☆おもな SNS 公式サイト

LINE
　　ttps://line.me/ja/
Twitter
　　ttps://twitter.com/?lang=ja（ログインの必要あり）
Instagram
　　ttps://www.instagram.com/?hl=ja（ログインの必要あり）
Facebook
　　ttps://www.facebook.com/FacebookJapan/

☆携帯電話会社のフィルタリングサービス

あんしんフィルター for docomo
　　ttps://www.nttdocomo.co.jp/service/anshin_filter/
あんしんフィルター for au
　　ttps://www.au.com/mobile/service/anshin-filter/
あんしんフィルター（ソフトバンク）
　　ttps://www.softbank.jp/mobile/service/filtering/anshin-filter/

☆ IT 関連企業の SNS トラブル防止サイト

気を付けよう，SNS のトラブルと対策（マイクロソフト）
　　ttps://www.microsoft.com/ja-jp/safety/protect/ys_sns.aspx

☆総務省関連

平成29年版情報通信白書
　　http://www.soumu.go.jp/johotsusintokei/whitepaper/ja/h29/pdf/29honpen.pdf
平成28年版情報通信白書
　　ttp://www.soumu.go.jp/johotsusintokei/whitepaper/ja/h28/pdf/28honpen.pdf
平成27年版情報通信白書
　　http://www.soumu.go.jp/johotsusintokei/whitepaper/ja/h27/pdf/28honpen.pdf

　　　　　　　　　　　　　　　　　　　　　　　　　　　資　料

☆内閣府
内閣府青少年に関する調査研究等
　　http://www8.cao.go.jp/youth/kenkyu.htm
内閣府 HP
　　平成28年度　青少年のインターネット環境整備に取り組む民間団体活動事例集
　　http://www8.cao.go.jp/youth/youth-harm/chousa/h28/minkan_katsudou/pdf-index.html

☆教材（教材・ビデオ資料・啓発資料）
情報通信白書 for Kids（総務省，対象：小学校高学年以上）
　　http://www.soumu.go.jp/hakusho-kids/
インターネットトラブル事例集（平成29年版総務省）
　　http://www.soumu.go.jp/main_content/000506392.pdf
文部科学省　情報モラル教育の充実　児童生徒向け啓発資料
　　http://www.mext.go.jp/a_menu/shotou/zyouhou/detail/1369617.htm
文部科学省　情報モラルに関する指導の充実に資する〈児童生徒向けの動画教材，
　　教員向けの指導手引き〉・〈保護者向けの動画教材・スライド資料〉　等
　　http://www.mext.go.jp/a_menu/shotou/zyouhou/1368445.htm
文部科学省　教育の情報化　（YouTube 動画）
　　https://www.youtube.com/playlist?list=PLGpGsGZ3lmbAOd2f-4u_Mx-BCn13GywDI
安心ネットづくり促進協議会
　　https://www.good-net.jp/lectures/links/material/material3/
STOPIT　Japan　脱いじめ傍観者プログラム「私たちの選択肢」
　　http://stopit.jp/workshop
NHK　スマホ・リアル・ストーリー
　　http://www.nhk.or.jp/sougou/sumaho/
一般社団法人インターネットコンテンツ審査監視機構
　　http://www.dcajr.jp/index.html
NPO 法人企業教育研究会　情報モラル授業プログラム
　　https://ace-npo.org/

上記以外に，都道府県・市町村教育委員会あるいは教育センターで情報モラル教育教材 HP 上にアップされ，ダウンロードして活用することができるものがあります〔2018（平成30）年6月23日現在〕。

執筆者（執筆順）

若本純子　（わかもと じゅんこ）　1章・5章
山梨大学教育学部教授。博士（人文科学）。専門は生涯発達臨床心理学。主著に『発達心理学――人の生涯を展望する』（共著，培風館），『発達心理学』（共著，学文社），『よくわかる心理学』（共著，ミネルヴァ書房）ほか。

原田恵理子　（はらだ えりこ）　2章・6章
東京情報大学総合情報学部准教授。博士（心理学）。専門は発達臨床心理学，学校臨床心理学，学校心理学。主著に『高校生のためのソーシャルスキル教育』（単著，ナカニシヤ出版），『中学生・高校生のためのソーシャルスキル・トレーニング』（共編著，明治図書出版），『最新 生徒指導論』（共著，大学教育出版）ほか。

森山賢一　（もりやま けんいち）　2章
玉川大学大学院教育学研究科教授。博士（人間科学）。専門は教育内容・方法学，教師教育学。主著に，『専門職としての教師教育者――教師を育てるひとの役割，行動と成長』（訳，玉川大学出版部），『教育課程編成論』（編著，学文社），『教員の在り方と資質向上』（共著，大学教育出版）ほか。

渡辺弥生　（わたなべ やよい）　3章
法政大学文学部教授。教育学博士。専門は発達心理学，発達臨床心理学，学校心理学。主著に『子どもの「10歳の壁」とは何か？――乗り越えるための発達心理学』（単著，光文社），『世界の学校予防教育――心身の健康と適応を守る各国の取り組み』（共編著，金子書房），『発達心理学』（共編著，北大路書房）ほか。

西野泰代　（にしの やすよ）　4章
広島修道大学健康科学部教授。博士（心理学）。専門は教育心理学，発達心理学。主著に『個と関係性の発達心理学――社会的存在としての人間の発達』（共編著，北大路書房），『教育と発達の心理学』（共著，ナカニシヤ出版，印刷中）ほか。

編　者

西野泰代　　にしの　やすよ　　広島修道大学健康科学部教授
原田恵理子　はらだ　えりこ　　東京情報大学総合情報学部准教授
若本純子　　わかもと　じゅんこ　山梨大学教育学部教授

情報モラル教育
知っておきたい子どものネットコミュニケーションとトラブル予防

2018年8月30日　　初版第1刷発行　　　　検印省略
2018年12月20日　　初版第2刷発行

編　者　　西野泰代
　　　　　原田恵理子
　　　　　若本純子
発行者　　金子紀子
発行所　株式会社 金子書房
　　　　　〒112-0012 東京都文京区大塚 3-3-7
　　　　　TEL 03-3941-0111（代）／FAX 03-3941-0163
　　　　　振替 00180-9-103376
　　　　　URL　http://www.kanekoshobo.co.jp
印刷／藤原印刷株式会社
製本／株式会社宮製本所

© Yasuyo Nishino, Eriko Harada, Junko Wakamoto, et al., 2018
ISBN978-4-7608-2669-8　C3037　　Printed in Japan

金子書房おすすめの図書

認知発達研究の理論と方法
「私」の研究テーマとそのデザイン

矢野喜夫・岩田純一・落合正行　編著
本体2,500円＋税

縦断研究の挑戦
発達を理解するために

三宅和夫・高橋惠子　編著
本体3,800円＋税

子どもの社会的な心の発達
コミュニケーションのめばえと深まり

林　創　著
本体2,200円＋税

日本の親子
不安・怒りからあらたな関係の創造へ

平木典子・柏木惠子　編著
本体2,600円＋税

日本の夫婦
パートナーとやっていく幸せと葛藤

柏木惠子・平木典子　編著
本体2,300円＋税

夫婦カップルのためのアサーション
自分もパートナーも大切にする自己表現

野末武義　著
本体1,800円＋税

子どもの自我体験
ヨーロッパ人における自伝的記憶

ドルフ・コーンスタム　著／渡辺恒夫・高石恭子　訳
本体2,600円＋税

学級の仲間づくりに活かせるグループカウンセリング
対人関係ゲーム集

田上不二夫　監修／伊澤　孝　著
本体1,800円＋税

世界の学校予防教育
心身の健康と適応を守る各国の取り組み

山崎勝之・戸田有一・渡辺弥生　編著
本体8,000円＋税